Pillole per la memoria – 2

Isbn 978-88-96576-01-4

Prima edizione: 2009
Seconda edizione: 2021
Edizioni Trabant – Brindisi
www.edizionitrabant.it
redazione@edizionitrabant.it

Vittorio Alfieri

Il Misogallo

Edizioni
Trabant

ALFIERI E LA FAVOLETTA DELLA LIBERTÀ

Che accade quando uno scrittore tendenzialmente rivoluzionario assiste *per davvero* a una rivoluzione? La storia non manca di esempi del genere, e quasi sempre con esiti imprevedibili.

Ne abbiamo ampia prova nel secolo passato, ricco di episodi - tragici o meno - di intellettuali marxisti partiti con la luce negli occhi per Mosca e tornati chi in preda ai dubbi, chi alla depressione, chi da un giorno all'altro ferocemente antisovietico; qualcuno addirittura filonazista[1]. Probabilmente immaginare per anni e anni un avvenimento porta a una idealizzazione facile a trasformarsi in delusione quando si incontra con la realtà; e specialmente se questa realtà è fatta di tumulto ed esecuzioni sommarie.

Il XX secolo, dicevamo; l'Urss; esiste però un esempio del genere nella nostra storia letteraria, un caso vagamente sottaciuto o affrontato malvolentieri, e per recuperarlo dobbiamo tornare indietro ai tempi della Rivoluzione Francese: Vittorio Alfieri e il Misogallo.

Il *Misogallo*? E che roba è?

Proviamo ad aprire un manuale scolastico e cercare traccia di questa opera. Dico un manuale scolastico, perché alla fin fine sono quelli i testi che arrivano alla gente. I battibecchi tra cattedratici non lasciano solitamente i corridoi intorno al loro ufficio, e a noi non piace parlare nei corridoi, preferiamo un bar o la soglia di un negozio.

Partiamo dal classicissimo Salinari-Ricci. Poche righe: "L'odio contro la Francia è espresso in uno strano libro, il *Misogallo*, misto di prosa e versi, scritto fra il 1793 e il '99, in cui l'Alfieri manifesta spirito antilluminista, reazione alla prepotenza francese, coscienza nazionale nel suo sorgere violentemente polemica. Queste opere, storicamente interessanti, nulla aggiungono al ritratto dell'Alfieri che siamo andati configurando nelle pagine precedenti"[2]. Un'opera

---

[1] Chi volesse approfondire l'argomento può trovare alcuni di questi esempi nell'ormai classico saggio di François Furet *Il passato di un'illusione - l'idea comunista nel XX secolo,* Milano 1998.
[2] C.Salinari - C.Ricci, *Storia della letteratura italiana,* Bari 1973, pag.998.

antilluminista, dunque; una mera reazione alle prepotenze francesi (quindi – si può supporre – non sarebbe stata scritta se non ci fosse stato l'espansionismo rivoluzionario); e comunque si può tranquillamente ignorarla.

Via col Petronio: "il Misogallo (1793-99), misto di prose e di versi, violenta esplosione di odio contro la Francia, nel quale confluirono tanti moti dell'Alfieri (…) e che nell'Alfieri si esprimevano in modi confacenti al suo spirito, cioè in modi irosi di polemica"[3]. Leggi: il tipo era fatto così, questa operuccia è da intendersi frutto di una incazzatura passeggera.

In tempi più recenti il Ferroni ci stupisce con un'ulteriore sintesi: "…un curioso libello antifrancese, Il Misogallo (scritto tra il 1793 e il 1798)"[4]. Niente di più, niente di meno.

Questo è quanto è concesso sapere al lettore comune, per così dire l'uomo della strada, e il motivo si può anche facilmente ipotizzare: la pietra dello scandalo è dovuta al fatto che l'Alfieri, il tragico dei tragici, l'uomo che aveva posto lo scontro tra il cittadino e il tiranno al centro delle sue opere, il poeta considerato a posteriori tra i fondatori della Libertà Italica; ebbene, quale ultima opera da lasciare al mondo riempì pagine e pagine di sdegnose invettive contro la Rivoluzione, maledicendo i Francesi tutti e il giorno in cui si erano ribellati al Re Legittimo; e coprendo il popolo dei sanculotti di simpatiche invettive come "feccia sordida", "turbe di macachi fastidiose", "ventitré milioni di pidocchi".

I professoroni, invece, nelle loro disquisizioni esoteriche, il problema se lo sono posto, ma senza arrivare a una spiegazione condivisa. Per alcuni l'Alfieri – in modo in verità non diverso da tanti suoi contemporanei – matura uno spirito conservatore con un repentino voltafaccia in tarda età (una sorta di demenza senile, insomma); per altri la spiegazione sarebbe nel proverbiale caratteraccio dell'autore; per non parlare della tesi elaborata dal Sapegno in un famoso saggio del '49, secondo cui Alfieri in realtà era sempre stato reazionario… senza saperlo[5].

Come sciogliere dunque un tale nodo, e individuare una spiegazione senza cadere in ridicole accuse di *tradimento della causa*?

Cerchiamo innanzitutto di ripercorrere in breve le tappe della vicenda.

Per fare questo dobbiamo tornare all'incirca all'anno 1782. A quella data Vittorio Alfieri poteva ritenere di essere al culmine, e forse al compimento, della sua carriera letteraria. Nobile di nascita, irrequieto per vocazione, l'astigiano sin da giovane offriva, oltre a una sconvolgente somiglianza con l'attore Michael

---

[3] G.Petronio, *L'attività letteraria in Italia*, Firenze 1985, pag.517.
[4] G.Ferroni, *Profilo storico della letteratura italiana*, Torino 1992, pag.534.
[5] N.Sapegno, *Alfieri politico*, in *Società* V/1949.

Caine, un ego tendente pressocché all'infinito. Una personalità così straripante aveva bisogno di trovare soddisfazione in qualche impresa titanica; e il nostro l'aveva individuata nel farsi il Tragediografo italiano per eccellenza, supportato in ciò da un volontarismo che sarebbe divenuto leggendario (compresi miti secondo cui si faceva legare alla scrivania per non cedere alla tentazione di far altro che scrivere). La sua formazione era stata prevalentemente autonoma, frutto dell'esperienza di lunghi viaggi per tutta Europa e letture appassionate di pochi ma selezionati autori (fra tutti Plutarco e Dante), il che, non senza un accatastarsi spesso confuso di spunti e idee, lo aveva portato a una concezione del mondo in cui il Nemico dell'uomo per eccellenza è il Tiranno; e nella sua epoca costui era incarnato più che altro nel Re. L'odio per le restrizioni, i controlli polizieschi, gli abusi ma anche soltanto l'etichetta dell'Ancient Régime lo avevano spinto sulle soglie dell'odio di sé, o perlomeno della sua origine sociale; al punto che nel 1778, per beneficiare di una maggiore indipendenza come scrittore, aveva rinunciato ai suoi possedimenti feudali; il che equivaleva quasi alla rinuncia al titolo nobiliare.

Nell'82 il nostro pensava di mettere fine alla sua produzione tragica. Nel corso di meno di dieci anni aveva dato fondo a tutte le sue energie, allontanando via via la propria arte dalle influenze della scuola francese allora di moda e da lui aborrita (e questa è già una prima avvisaglia…), fino a un suo personalissimo stile, in cui ogni verso era scolpito con la forza e l'austerità di un bassorilievo di età classica: se i drammi francesi solevano avere la musicalità di un valzer, Alfieri preferiva le marce militari. E al centro degli intrecci, era quasi sempre lo scontro tra l'Eroe e il Tiranno; la lotta all'abuso di potere, il fremito di libertà e altri simili concetti altisonanti che tanta influenza avrebbero avuto sul linguaggio retorico risorgimentale, post-risorgimentale e financo dell'Italia repubblicana.

Parallelamente ai drammi, metteva mano a una serie di prose in cui ribadire i medesimi concetti, in un rapporto di reciproca influenza con il suo teatro. Anche se pubblicati soltanto intorno al 1789, vanno ascritti agli anni della prima produzione poetica i due famosi saggi *Della tirannide* e *Il Principe e le Lettere*. Nei quali – benché si dica oggi che germogliavano le basi che lo avrebbero portato a rifiutare i fatti di Francia – in mezzo a un atteggiamento comunque individualista e aristocratico, non veniva esclusa a priori la rivolta violenta contro i Re: "Io, che ad ogni vera incalzante necessità, abbandonerei tuttavia la penna per impugnare sotto il tuo nobile vessillo la spada" (*Della Tirannide*, libro I); "Aggiungerò, che, per maggiore sventura delle umane cose, è altresì più spesso necessaria la violenza, e qualche apparente ingiustizia nel posar le basi di un libero governo su le rovine d'uno ingiusto e tirannico, che non per innalzar la tirannide su le rovine della libertà. (…) le importantissime mutazioni non possono mai succedere fra gli uomini (come dianzi ho notato) senza importanti pericoli e danni; e che a costo di molto pianto e di moltissimo sangue (e non altramente giammai) passano i popoli dal servire all'essere liberi, più ancora, che dall'esser liberi al servire. Un ottimo cittadino può dunque, senza cessar di esser tale, ardentemente desiderare questo mal passeggero..." (ibidem, libro II, cap. VIII).

Una vignetta di qualche decina di anni fa, opera del compianto Giovanni Mosca, rappresentava un Alfieri accigliato: "Volli, sempre volli, fortissimamente volli, e alla fine ho dimenticato cosa volevo". Questo è forse ciò che gli accadde nel decennio successivo. Motivi di lavoro (la stampa delle sue tragedie) e personali (la convivenza con la sua compagna) lo portarono a vivere gran parte dell'anno a Parigi. Non era la prima volta che risiedeva nella città; e nella sua autobiografia avrebbe in seguito ricordato con disagio il suo primo soggiorno, definendola con la consueta mancanza di mezze misure una "fetida cloaca" (*Vita*, cap. V). Ma sono questi giudizi del senno di poi, tanto più da prendere con le pinze in una personalità così umorale e orgogliosa. I fatti asciutti ci dicono che Alfieri a Parigi restò per quasi dieci anni dopo il 1782, alternando la capitale francese con altre residenze ma sempre facendo ritorno. Non solo: gli eventi del luglio 1789 lo trovarono entusiasta spettatore. Questo è un qualcosa di cui in seguito si sarebbe pentito e vergognato; eppure al momento in cui la Bastiglia fu presa e distrutta dalla folla, il poeta sentì l'animo infiammarsi di spirito combattivo, e mise mano alla penna per celebrare la caduta della tirannide in una magniloquente ode "*A Parigi sbastigliato*" (riportata in appendice).

Ma gli eventi incalzavano, le violenze pubbliche e private si facevano via via routine quotidiana, e quella che inizialmente poteva sembrare una fase di passaggio verso una monarchia costituzionale all'inglese (fino ad allora la forma di governo maggiormente apprezzata dal poeta), si dimostrava un evento soltanto parzialmente governato dagli uomini, e più spesso tendente a un'anarchia selvaggia, una voglia di purificazione col ferro e col fuoco che prendeva di mira non soltanto il Tiranno ma l'intera aristocrazia. Ecco dunque Alfieri messo davanti a quello spargimento di sangue che dieci anni prima aveva definito un male passeggero e tutto sommato desiderabile. Basta all'incirca un anno e mezzo e forse meno per fargli mutare idea; ed è un lasso di tempo in cui, se da un lato ci sono state la Dichiarazione dei Diritti dell'Uomo, l'abolizione della schiavitù e simili riforme progressiste, dall'altro si è assistito a massacri di massa, teste umane portate in corteo sulle picche, esplosioni di ferocia non sempre controllate quanto spesso strumentalizzate dai nuovi governanti. Una delle prime pagine del *Misogallo* esprime bene lo sconcerto dell'autore davanti allo spettacolo di una vera e propria caccia all'uomo per le strade parigine, un semplice sospettato inseguito e massacrato dalla folla, senza che in seguito le autorità si degnino di ricercare i responsabili. Alla fine dell'estate del 1792, Alfieri prende la sua decisione: lasciare la Francia a qualunque costo, per proteggere la sua donna e la sua stessa vita. Troppi sono stati per lui i campanelli d'allarme: in marzo l'adozione della famigerata ghigliottina, in aprile la dichiarazione di guerra alla Germania, tra giugno e agosto una serie di tumulti che hanno preso di mira il sempre meno regnante Luigi XVI, sino a farne un prigioniero dei suoi stessi sudditi. Per l'astigiano la misura è colma: procuratosi due passaporti per vie traverse, il 18 agosto tenta la fuga dal paese. Non è impresa facile, e riesce per un soffio, secondo il racconto appassionante che ci fa lo stesso autore (*Vita*, cap. XXII).

Si potrebbe dire che fece appena in tempo, perché di lì a poco sarebbe iniziato il 1793, l'annus horribilis della Rivoluzione: in gennaio l'esecuzione del Re e la proclamazione della Repubblica; in febbraio-marzo una valanga di dichiarazioni di guerra contro Inghilterra, Olanda e Spagna; in primavera l'istituzione del famigerato Tribunale Rivoluzionario e la repressione dei moti antirivoluzionari di Vandea; in settembre il completarsi del Terrore con la condanna a morte dei dantonisti.

Un bagno di sangue che Alfieri seguì soltanto da lontano, ma con non scemata passione. Tutt'altro. Un tipo come lui non poteva tacere, abitudine che gli era del tutto estranea anche in normali circostanze. Già mentre si trovava a Parigi aveva preso l'abitudine di buttar giù alcuni piccoli componimenti sui fatti del giorno, principalmente sonetti ed epigrammi; una volta trovato rifugio e sicurezza in Italia ("e chi 'l crederebbe?" commentò egli stesso) rese sistematico quest'uso, mentre attorno si ingigantiva la tragedia – e quella vera, in proporzioni che lui stesso non avrebbe mai potuto immaginare: la parabola di Robespierre, la nascita dell'imperialismo rivoluzionario, il sorgere della stella di Napoleone. Nel 1799 l'astigiano si ritrovò con sufficiente materiale per mettere assieme un'opera bizzarra, mista di versi e di prose: una sorta di satira menippea, come l'avrebbe definita un greco antico. Ma lo stesso autore ne aveva paura, conscio di aver composto un *libro proibito*: non pensò alla sua pubblicazione, ma ne fece un numero limitato di copie da far circolare tra persone fidate. Non vide mai la sua opera stampata: essa uscì postuma, con una falsa dicitura ("Londra 1799") per favorirne la circolazione clandestina. Fu perciò una specie di involontario testamento poetico, e che sorta di testamento: non un canto, ma una bestemmia. Il poeta era già di suo un uomo eccessivo; ma quando, come in questo caso, si infuriava raggiungeva facilmente la più alte vette dell'iperbole.

Ecco dunque – se ci passate l'anacronismo – un Alfieri célinizzato, che butta via rigore e misura per sfogare un odio gigantesco, volutamente esagerato, da fare impallidire la più dionisiaca delle commedie antiche. Il problema che lo ha lacerato sarà stato probabilmente trovarsi faccia a faccia con la prospettiva di dover, proprio lui, parlare contro il Popolo, la Libertà e anzi riabilitare il Tiranno (tant'è vero che, a detta sua, una delle prime parti composte fu l'apologia di Luigi XVI, in barba alla tesi di fondo del *Della Tirannide*, secondo cui ogni Re è per definizione un Tiranno). Ma allora perché il governo rivoluzionario gli appare così odioso, addirittura opprimente, tanto da fargli rimpiangere la monarchia assoluta? La risposta che si dà è semplice: non si tratta di vera libertà, bensì di una truffa, l'assolutismo rimesso su sotto un altro nome e con più gravi conseguenze per l'incolumità dei cittadini e dei loro beni. Ma – e le obiezioni incalzano – cosa fare allora di tutta la retorica sulla libertà e la rivolta? Perché non ha funzionato? E la seconda risposta è senza mezzi termini: la colpa è dei Francesi. Né più né meno. Si tratta un popolo barbaro, di schiavi nati, che mai potrebbero farsi liberi ad onta di tutte le dichiarazioni in questo senso; millantatori, sbruffoni, sanguinari, scambiano la libertà per l'anarchia, la Repubblica per una Tirannia sotto falso nome, e per di più, gonfi di superbia, pretendono di imporre all'Europa intera il loro imbizzarrito metodo di governo. Alfieri, che ammirava la monarchia costituzionale inglese e la repubblica dei neonati Stati Uniti, davanti ai difetti dell'esperimento francese trova la soluzione addossando la colpa, in modo anche un po' razzista, al popolo che l'ha attuato: e il Francese diviene una sorta di Nemico numero uno dell'umanità.

Ma questa semplificazione non deve pensare a un pensiero organizzato. Il Misogallo è puro sfogo, non prevede la ragionevolezza di un pensiero pacato. Alfieri non teorizza: morde.

Come porci davanti a questa falange di insulti?

Dipende. Bisogna riconoscere che almeno al principio questo atteggiamento risulta efficacemente umoristico; e persino il più francofilo fra noi dovrebbe ammettere un pizzico di verità in versi come "*Gente più matta assai che la Sanese / Or vedria Dante nostro, s'ei vivesse; / Se (come io l'odo) udire ei pur dovesse / Tutto dì millantarsi la Francese*" (Sonetto V); anche se alla lunga subentra la noia per un'opera così lunga e ripetitiva: alla centocinquantesima ingiuria volgare contro i cugini d'oltralpe gli occhi prendono ad appesantirsi. Ma anche in questa caoticità e tendenza alla ripetizione, il Misogallo presenta delle pagine di altissimo valore, che avrebbero meritato ben altra sorte nella storia della nostra letteratura: si pensi allo spassosissimo dialogo tra le ombre di Luigi XVI e Robespierre (prosa V), nel quale i due, incontrandosi all'altro mondo, piangono la sorte comune toccata loro, l'uno re di nome, l'altro di fatto, ed entrambi uccisi dallo stesso strumento di morte.

Per quanto eccessivo, apparentemente inaccettabile, questo Misogallo non è il frutto di un anziano che si scopre d'improvviso reazionario, né il vaneggiamento di un folle. È lo sfogo livido di un idealista che ha tanto idealizzato da mettersi nella condizione di rifiutare qualunque concretizzazione dei suoi sogni, come inevitabilmente inferiore a quelli. Gli altisonanti appelli di Alfieri alla libertà si erano formati sulle pagine di Plutarco, e dovevano assomigliare nella sua testa a certi dipinti neoclassici, come quelli di David, il pittore ufficiale della Rivoluzione. Si aspettava un tempio greco, e si ritrovò in un mattatoio.

Soltanto in questo modo si comprende la sua delusione, e la sensazione irritante di essere preso in giro ogni qual volta viene nominata dai Francesi la parola Libertà. Lo spiega bene con sarcasmo in uno dei più caustici epigrammi (il XXXV), quello che forse più di tutti esprime il suo pensiero sulla Rivoluzione Francese:

> Si dice, che dicea non so qual Papa
> Palpandosi la tiara: Oh quanto bene
> Ci fa quest'ampia favola di Cristo!
> Così, cred'io, dice ora il ben più tristo
> Gruppo de' nuovi Gallici Pentarchi,
> Rimpannucciati, e di ricamo carchi,
> Le panciette palpandosi omai piene,
> E dianzi avvezze al cavolo e alla rapa,
> « Oh beata novella cecità!
> Quanto a noi fa pur bene
> La favoletta della Libertà ».

IL MISOGALLO

ALFIERI

I. MISOKELTOS

COPIA

D.I.

1799

Copia ricavata dalla Copia D.I. già corretta dall'Autore,
e dal medesimo data all'Amico suo caro G.A.

In Firenze il dì 17 maggio 1799

INTENZIONE DELL'AUTORE

Ove mai il presente Manoscritto, per un qualche accidente, dalle mani di chi lo teneva in deposito passasse in altre; chiunque se ne troverà il possessore è pregato di regolarsi nel seguente modo. Essendo egli di persona onesto, di libero, e retto animo s'informerà prima se l'Autore è ancora in vita; e dovunque il suddetto si trovi, lo farà partecipe di aver Egli presso di sé questa sua copia D.I. e non ne farà nessun uso, finchè non abbia saputa la volontà del legittimo padrone di essa. Se poi l'Autore non esiste più, egli lo farà diligentemente stampare, dove, e quando si potrà, e non lo potendo egli, lo darà a chi lo possa fare senza compromettere se stesso, e per l'utile solo del pubblico.

Ma quand'anche la sorte, nemica spessissimo delle più giuste intenzioni, facesse pur capitare questo scritto alle mani stesse di un qualche Gallo, o amatore di essi e della iniquità, non si lusinghi costui, col tenerlo celato, o coll'arderlo, di venir perciò a capo di annichilarlo. La cosa è oramai impossibile, stante la gran quantità di copie che ne esistono, e tutte già sparse in vari paesi, e depositate, come lo fu questa, in mani illibate, ed amiche dell'Autore, e del vero. Onde il filogallo che lo avrà, anch'egli stesso farà meglio a stamparlo, per ritrarne per sé quel lucro, che, attesa la materia del Libro, non può mai riuscire, nè dispregevole, nè dubbio, quand'anche a titolo di scritto, egli fosse sprovvisto d'ogni pregio letterario, e non valesse nulla più il Misogallo di quel che vagliano i Galli.

E' mi pare, avendo spiegata la mia intenzione sì agli amici, che ai nemici, di aver parlato a tutti; poichè nella gran causa, che pende pur troppo fra il retto, e l'iniquo, degli indifferenti non ve ne può mai essere nessuno.

Firenze, 1799.

VITTORIO ALFIERI

IL MISOGALLO

RAME ALLEGORICO

Rappresenterà questo Rame un vasto pollaio nel massimo scompiglio: qua si vedranno le Galline uccidere i Galli; là i Galli a vicenda uccidere le Galline; altrove i Galli fra loro, e così fra le Galline spennacchiarsi, ed uccidersi. In lontananza poi si vedrà posato un Gufo sopra d'un albero[1]: il quale dando fiato in una lunghissima e sottilissima tromba, ne farà, uscire il motto francese " *Ils s'organisent* ". Si vedranno inoltre molti stuoli di conigli di varj colori, che fuggono per ogni parte; e sul davanti, un maestoso Leone giacente, che guata.

E SOTTO AL RAME
SI LEGGERÀ
LA SEGUENTE EPIGRAFE

I. Sempre insolenti
Coi Re impotenti
Sempre ridenti
Coi Re battenti.

Talor valenti;
Ma ognor serventi,
Sangue-beventi,
Regi stromenti.

---

[1] L'albero, che degnamente può servire di seggio al gufo Trombettiere, sarà l'arbusto detto Savina, e questo riuscirà anche molto simbolico, essendo le di lui foglie disperditrici dei mal concepiti parti.

Illustrazione tratta dalla prima edizione dell'opera

IL MISOGALLO

PROSE E RIME
DI
VITTORIO ALFIERI
DA ASTI

II. ΚΑΚΙΑΝ ΜΙΣΕΙΝ, ΑΡΕΤΗ.
Vitium odisse, virtus est.

LONDRA 1799

AVVISO AL LETTORE.

III λεγόμενον ἐρέο
Pindaro, Piz., V, v.

Dico, ridico, e ognor più torno a dire.

In mille guise, due sentenze sole
Questo miscuglio garrulo racchiude:
Che libertà è virtude;
E che i Galli esser liberi, son fole.
Chi già il sapea, non logori qui gli occhi;
Chi non vuol creder, tocchi.

PROSA PRIMA

ALLA PASSATA, PRESENTE E FUTURA ITALIA

IV. Ἀλλ'ἔμεθετ ξυτες ἄκαι Διὸς δὲ τοι αγγελος έιμι.

OMERO, Iliade, XXIV, 133

Pon mente a me: nunzio di Giove io vengo.

Ancorchè quest'Operuccia, nata a pezzi, ed a caso, altro non venga ad essere che un mostruoso aggregato d'intarsiature diverse, ella tuttavia non mi pare indegna del tutto di esserti dedicata, o Venerabile Italia. Onde, ed a quella augusta Matrona, che ti sei stata sì a lungo, d'ogni umano senno, e valore principalissima Sede; ed a quella che ti sei ora (pur troppo!) inerme, divisa, avvilita, non libera ed impotente: e a quella che un giorno (quando ch'ei sia) indubitabilmente sei per risorgere, virtuosa, magnanima, libera, ed una; a tutte tre queste Italie in questa breve mia Dedica intendo ora di favellare. — Gli odj di una nazione[2] contro l'altra, essendo stati pur sempre, nè altro potendo essere, che il necessario frutto dei danni vicendevolmente ricevuti, o temuti, non possono perciò esser mai, nè ingiusti, nè vili. Parte anzi preziosissima del paterno retaggio, questi odj soltanto hanno operato quei veri prodigj politici, che nelle Istorie poi tanto si ammirano.

Nè mi estenderò qui in prove tediose, ed inutili. Parlano l'esperienza, ed i fatti. Ammesso dunque quest'odio reciproco, quasi un tutelare Conservatore de' Popoli veramente diversi, e tanto più di quelli, che per estensione, e numero riescono minori, innegabil cosa ella fia, che in te, o Italia, l'odio contro i Francesi, sotto qualunque bastone, e maschera ti si affaccino essi, diviene la base fondamentale, ed unica, della tua, qual ch'ella sia, politica esistenza. Quindi finchè, o

---

[2] Nel dir Nazione intendo una moltitudine di uomini per ragione di clima, di luogo, di costumi, e di lingua fra loro non diversi; ma non mai due Borghetti o Cittaduzze di una stessa provincia, che per essere gli uni pertinenza ex. gr. di Genova, gli altri di Piemonte, stoltamente adastiandosi, fanno coi loro piccioli, inutili, ed impolitici sforzi ridere, e trionfare gli elefanteschi lor comuni oppressori.

un terremoto, o un diluvio, od una qualche cozzante cometa, non ti avranno trasmutata di forme, finchè tu, stretto, e montuoso continente, tra due racchiusi mari penisoletta ti sporgerai, facendoti dell'alpi corona; i tuoi confini dalla natura son fissi, ed una pur sempre[3] (per quanto in piccoli bocconcini divisa, e suddivisa ti stii) una sola pur sempre esser dei d'opinione, nell'odiare, con implacabile abborrimento mortale quei barbari d'oltramonti, che ti hanno perpetuamente recato, e ti recano i più spessi, e più sanguinosi danni. Ora questi per certo (ben altramente che i Tedeschi) sono stati sempre, e sono i Francesi, i quali tre volte per secolo, ridotti dai loro inetti, ed irreflessivi, e tirannici governi, dalla loro naturale miseria ridotti, e dagli eccedenti loro vizj, alla insociale necessità di andarsene a mano armata questuando, sopra i vicini Popoli poi si rovesciano per isfamarsi, e saldare per alcun tempo con l'altrui sangue le loro piaghe servili.

In così fatto stato locale, e politico, qual è manifestamente il tuo, chiunque, o Italia, t'insegnerà a ben odiare i tuoi naturali, e perenni nemici, verrà, ad insegnarti, e rammentarti ad un tempo il più sacro de' tuoi doveri. Con tutto ciò non mi vi sarei accinto io certamente, se mi fosse stato pur d'uopo, nell'addottrinarti in quest'odio, d'insegnarti anco a stimare i Francesi, temendoli. Ma per fortuna tua somma, e mia, odiabili sotto ogni aspetto per se stessi costoro son tanto, che io senza studio, nè sforzo nessuno, col solo ritrarli dal vero, largamente posso ottenere il mio intento, e rimanere assoluto ad un tempo da quel ribrezzo, che porta con sè questa idea, dell'insegnare ad odiare chi che sia; poichè qui non è altro, che un semplice insegnare a conoscere. Oltre che, da quella specie di stima, che si suol pure accordare agli eserciti, che con le loro vittorie spaventano, ogni dì più te ne vanno anco assolvendo gli stessi Francesi, che insieme col terrore dell'armi loro hanno saputo instillare ad un tempo medesimo il massimo disprezzo per essi, anche nei più timidi, e meno illuminati individui; mostruoso, e incredibile accozzamento; paura, e dispregio; eppur vero, e da tutti i presenti Italiani palpabile.

Poichè dunque ad abborrirli insegnandoti io, a ora più dispregiarli, essi stessi t'insegnano; dalla felice mistura di questi due atffetti, incomincia, o nobile Italia, fin da quest'ora, a riassumerti una tal quale nazionale tua faccia. Perciò, da oggi in poi, la parola MISOGALLO consacrata in tua lingua, significhi, equivaglia, e racchiuda i titoli, pregievoli tutti, di risentito, ma retto, e vero, e

---

[3]Insisto su questa unità dell'Italia, che la Natura ha sì ben comandata, dividendola con limiti pur tanto certi dal rimanente dell'Europa. Onde, per quanto si vadano aborrendo fra loro ex. gr. i Genovesi, e i Piemontesi, il dire tutti due Sì, li manifesta entrambi per Italiani, e condanna il loro odio. Ed ancorchè il Genovese, innestandovi il Ci, ne faccia il bastardume Sci, non s'interpreta contuttociò codesto Sci per francesismo, che troppo sconcia affermativa sarebbe, e malgrado il C di troppo, i Genovesi per Italiani si ammettono. E nello stesso modo, ex. gr. i Savoiardi, e i Francesi dicendo tutti due Oui, sono, e meritan di essere una stessa nazione. E qui noterò alla sfuggita che l'Oui, ed il Sì non si sono mai maritati.

magnanimo, e LIBERO ITALIANO. Tornerà poi frattanto quel tempo, in cui annullata nei Francesi ogni troppo spareggiante ampiezza di mezzi, e di numero, e sparita in te ogni tua viltà di costumi, divisioni, e opinioni, grande tu allora in te stessa, dall'averli odiati, e spregiati, temendoli, maestosamente ti ricondurrai all'odiarli, e spregiarli, ridendo.

INVOCAZIONE.
19 AGOSTO 1796

O sovra i Numi tutti augusto Nume,
Che di te stessa i tuoi devoti appaghi;
Verità, norma prima, eccelso lume
Di quanti havvi quaggiù di virtù vaghi:

Tu che la mente, e l'anima, e il costume,
E in cuor dell'uom le ascose fibre indaghi;
Deh, se il mio dir qui d'onorarti assume,
Fa questi accenti miei di te presaghi.

Bench'io canti, e non narri, unico scopo
Tu mi sei sola, e il mezzo mio, tu sola,
Poichè atterrar l'ipocrisia m'è d'uopo.

Sia vero il ver; nè di Sofisti scuola
Faccia il Gallico piombo esser piropo:
L'aquila sì, ma non mai l'asin vola.

PROSA SECONDA.
24 GENNAIO 1793

RAGIONE DELL'OPERA

> V. Et hortaris me, ut historias scribam? Ut colligam tanta
> eorum scelera, a quibus etiam nunc obsidemur?
> Ut narrem quomodo, sublato Rege,
> foeda servorum Tyrannides incubuerit?
> CICERO, ad Atticum, Lib. 14, ep.16.

> E tu mi esorti a scrivere storie? A raccogliere
> le scelleratezze, pur tante, di costoro, che tuttavia
> assediàti ci tengono? A narrare in qual modo,
> tolto via il Re, la sozza tirannide degli schiavi
> sopra noi tutti piombasse?

Io non scriverò, certo, Storie, sì perchè niuna delle cose che io vedo, merita storia, sì perchè non sento in me quel carattere disappassionato, che necessario si reputa per veridicamente narrare[4], ancorchè io sia convinto appieno in me stesso, che l'uom disappassionato non possa far cosa alcuna perfettamente. Voglio nondimeno supporre, che lo amore della verità divenendo la passione animatrice dello Storico, aggiuntavi la passione della gloria, lo venga a render perfetto nell'arte sua. Lascierò dunque ad altri l'impresa di storicamente narrare varj avvenimenti, di cui sono stato testimonio oculare in Francia, poichè non ho avuta io l'impossibilità di mirarli con occhio indifferente, benchè o nulla, o pochissimo a toccarmi venissero, e ciò soltanto nel pecuniario interesse, al qual motivo (son certo) niuno di quanti mi avranno conosciuto, attribuirà l'indegnazione non vile, che questi miei scritti respirano[5]. La sola passione del vero bene degli uomini sforzavami a scrivere su quel ch'io vedeva, alcuno sfogo trovando il mio cuore nella dolce speranza, o lusinga di giovare quando che fosse ai buoni,

---

[4] E volendo alle due addotte ragioni aggiungere una terza, direi: perchè, avvezzo da molti anni a dipingere gli uomini in poesia, quali potrebbero e dovrebbero essere, troppo mi farebbe ora stomaco il dipingerli quali sono, o quali erano almeno, pur troppo, i miei contemporanei.

[5] Vedasi in fine di questa prosa la nota con i brevissimi documenti spettanti i miei privati interessi in Francia. E ad essa si aggiunga per sopra più, che la principal ragione, per cui non ho voluto pubblicare in vita questa Operuccia, fu per l'appunto affinchè non venisse intitolata la vendetta d'una persona spogliata; e quindi una tal supposta passione nell'Autore, non venisse a togliere, ed a menomare la fede dovuta al libro, ed al vero. Che se pure a me lo dettò la vendetta, vendetta fu solo della contaminata, e tradita libertà.

e di nuocere ai rei. Volendo io dunque, e per la mia propria sodisfazione, e per quella di alcuni pochissimi amici dar conto a me stesso, ed a loro delle diverse impressioni da me ricevute nel periodo di queste politiche lagrimevoli vicende, gitterò qui in carta rapidissimamente, ed a caso le mie riflessioni, e ragioni su alcuni fatti appoggiate; e da esse, spero, verrà bastantemente motivata, e giustificata questa Operetta, a cui mi è sembrato doverle premettere.

Fin dalla mia più giovanile età, io sentiva in me una predominante passione fierissima per la civil libertà, più assai a me nota allora per un certo indomito istinto naturale, che non per acquistate nozioni. Con gli anni dappoi, con l'esperienza, e con l'assiduo, e lungo studio delle cose, e degli uomini, io imparava forse a conoscerla veramente, e ragionatamente apprezzarla. E dai primi anni miei parimente, io mi sentiva una somma naturale avversione per i Francesi in genere, e massime per la loro lingua, pel loro contegno, frasario, e leziosi costumi. Coll'età poi, e coll'esperienza, e con brevissimo studio, io perveniva in appresso a bene appurare questa mia avversione invincibile, le cagioni indagandone, ed a rettificarla, e ragionarla, e comporne un perpetuo odio, per me preziosissimo e per l'Italia tutta, col tempo, non meno che utile, necessario.

Ma già da' filosofi, o da quegli impassibili egoisti, che oggidì questo sacro nome si usurpano, mi sento pur dire: niuna cosa esser meno filosofica, e ragionevole, che l'odiare in genere una moltitudine d'individui, frà quali necessariamente ve ne sono di ogni specie. Ed è una tale obiezione in parte verissima, ma non nell'intero. Se dalle Storie de' passati Popoli, dai loro usi, lingue, leggi, ed imprese, il lettore ne viene a ritrarre ammirazione in genere, ed amore per gli uni, odio, e dispregio per gli altri; come mai questo affetto stesso, ed anco più forte, non verrà in noi cagionato da una qualunque moltitudine d'uomini viventi sotto i nostri occhi, i di cui fatti, per la maggior parte fra loro concordi, sotto un tale, o un tal altro aspetto qualificandoli, necessariamente o cari, o discari, o spregevoli, o nulli ce li rendono? Il giudicare, e il sentire, sono uno; nè senza affetto alcun giudizio sussiste; poichè ogni cosa qualunque, o vista, o sentita, dee cagionare nell'uomo, o piacere, o dolore, o meraviglia, o sdegno, od invidia, od altro; tal che su la ricevuta impressione si venga ad appoggiare il giudizio; e sarà retto il giudizio degli appassionati pel retto; iniquo al contrario quel dei malnati. È dunque l'odio un affetto contro alla reità non men giusto, naturale, e sublime, di quel che lo siano l'amore, e la stima per la virtù. Il professarsi incapace d'odio, equivale all'essere incapace d'amore: o equivale al dire stolidamente, che le qualità da amarsi faranno impressione viva, e profonda in quello stesso animo, in cui le qualità da odiarsi non ne faranno nessuna, o leggiera.

Eccomi dunque ad accennare di volo le cagioni, che mi faceano per sempre amar con trasporto la civile libertà, e con trasporto non minore aborrire i

Francesi. Nella vera civil libertà, la storia di quei pochissimi Popoli che la possedevano, mi facea chiaramente vedere compresa la nassima possibilità per l'uomo di ottenere una più utile, e più durevole gloria; di più ampiamente sviluppare le proprie intellettuali facoltà; di vedersi tuttora intorno degli uomini veri, e più felici, e più arditi, e migliori; di avere degli emuli in tutte le virtù. Nè mai finirei, se qui ad uno ad uno annoverare volessi i beni moltissimi, che dalla libertà ne ridondano, bene intendendo il significato di essa, e qual dovrebbe essere intesa da tutti, se il di lei sacrosanto nome contaminato mai non venisse dalla impura bocca dei corrotti inverecondi liberti: che a ben parlare di libertà, fa d'uopo essere liberi di animo, e puri, e giusti, e magnanimi; altrimenti ella si scambia coll'invidia, con la licenza, e con la servile vendetta.

Ma le ragioni or si espongono, per le quali io altrettanto disprezzo, ed aborro i Francesi, quanto amo, ed incenso la libertà. Negli uomini in generale, principalmente amiam noi il forte sentire, che è il fonte verace d'ogni bene buono, come altresì d'ogni male buono; che io avrò pur la temerità di dar questo epiteto al male, allorchè egli, da passioni ardenti ed altissime procreato, si fa di altissimi effetti cagione. Amiamo inoltre negli nomini, aggiunta al saper la modestia, al valore l'umanità, il pudore alla bellezza, e altri simili accoppiamenti, che caratterizzano il vero merito, e manifestano tosto la differenza tra i mediocri, e gli ottimi: differenza più assai importante, e più difficile a ravvisarsi, che quella tra i mediocri, e i da nulla. Benissimo so, che i da me soprannominati Enti, son rari; che nessuna nazione ne ha molti, e che per lo più i soli Popoli liberi si sono mostrati tali, e per breve tempo: ma non sarà però meno vero, che quella nazione, i di cui individui sulla totalità si rivestono più espressamente delle qualità diametralmente opposte alle sopra indicate, quella nazione riuscirà la meno amata, e stimata, e la meno amabile, e stimabile. Ora a tutti gli altri Europei sempre i Francesi son sembrati, (*ed il sono*) soverchiatori, millantatori, dispregiatori, ed eccessivamente pregiudicati sul proprio merito; il che manifestamente lo esclude. Ma le altre Nazioni (siccome anche fa il tempo) giudicandoli dai fatti, e non dai detti loro, li hanno tenuti uguali in alcune arti ad alcune di esse, inferiori in molte altre, e superiori in nessuna, fuorchè nell'arte della pettinatura, ballo, cucina, ed effeminatezza. Nel rimanente, nella Guerra inferiori ai Tedeschi, agli Svizzeri, e Spagnuoli ogni qual volta le circostanze erano pari; così nella Nautica, e Commercio inferiori agl'Inglesi, ed ai Batavi; nelle Scienze, nella Poesia, e nelle belle Arti agl'Italiani; nell'interna Politica a tutti; ed in somma, di numero sì, ma in nessun'altra cosa maggiori di niuno de' popoli dell'Europa; nè inventori veramente, se non se di un sol genere; ma in questo poi, da niun'altra nazione, nè imitati mai, nè imitabili; cioè della difficile arte di operare con ampissimi mezzi picciolissime cose. Del resto non si vede quasi mai un Francese serbare il contegno del proprio stato, nè andar d'accordo coi proprj mezzi, nè conoscere se stesso e le cose. Se il ballerino parla del ballo, egli vi adopra frasi, quali appena un Pompeo avrebbe adoprate nel parlare della Repubblica. Ma se all'incontro i Francesi legislatori della loro infantile Republica parlano; il ballerino, e l'arricciatore, l'istrione vi trapelano, e misti (che è peggio) allo schiavo, e al carnefice. Le più gonfie, e le più (non dirò calde) ma riscaldate espressioni, vengono adoprate con profusione da essi per le loro più triviali cose; onde, se a caso nascessero poi mai le sublimi, non rimarrebbero più parole, nè modi per degnamente lodarle. Queste gelide, e perpetue esagerazioni, da altro non nascono se non dal pochissimo loro sentire di core, e dal fittizio sentire di capo. Da questo procede la stomachevole affettazione de' gesti, passi, contegno, e parole delle loro donne; da questo pur anche quel loro ingegno imparato, e ridotto a parte studiata, e continua recita; quel giudicar d'ogni cosa, e non saperne nessuna: quell'intraprenderle, e pretendere in tutte, e non mai farle intere; e quei tanti, e tant'altri incessanti, e manifestissimi gallici aborti.

Che tali siano costoro in generale, non credo che negare si possa giudicandoli dai fatti. Ma, che cotali uomini aborrire si debbano, forse ciò non parrebbe, poichè il deriderli, e il dispregiarli, è bastante. Eppure, ove costoro sian molti; ove ad ogni passo ciascun Europeo se li debba trovare fra i piedi; ove, o direttamente, o indirettamente, influiscano su tutti i popoli dell'Europa, perchè disgraziatamente per essa il bel mezzo ne ingombrano; ove le dimezzate loro nozioni delle cose, con somma altrui sventura da essi propagate, guastino, trasfigurino, e danneggino il vero; egli è allora ben forza di accoppiare alla derisione, e al disprezzo quell'odio intenso, e sublime, che debbesi al vizio; quell'odio, che agguagliare si dee (e superarlo, fors'anche) al danno che se ne viene a ricevere; quell'odio in somma, che ragionatamente instillato negli altri popoli può in gran parte al comun loro danno ovviare.

Ed ecco in qual guisa io mi fo a credere, che anche ragionando, e disappassionandosi (per quanto il possa chi vivissimamente ama il vero) ogni retto, e libero animo e possa, e debba giustamente aborrire una sì fatta nazione, i di cui tristi costumi hanno da cento e più anni in qua indubitabilmente sparsa la corruzione di ogni genere fra tutte le altre; ed ora, sotto diversa maschera, se ne va seminando la mostruosa, e funesta anarchia, innestata sulla propria natìa putrefazione; e le più inaudite crudeltà, e scelleraggini; e ad un tempo il più obbrobrioso servaggio; la dipendenza, cioè, dei possidenti, e dei buoni, dai nulla tenenti, e dai rei.

La libertà dunque, e i Francesi, due cose nelle quali io, sì per istinto naturale, che per matura riflessione, e lunga esperienza dappoi, collocava il mio amore, e il mio odio, si trovano oggi (agli occhi però degli stupidi soli) in apparenza riunite. Io quindi mi vedo costretto (non già per appagare gli stupidi, ma per impor silenzio ai maligni, o confonderli) a dimostrare con alcuni fatti, che amare non si può la libertà, nè conoscerla, senza aborrire i Francesi, appunto perchè questi due opposti nomi, e materie non si son mai raccozzati, nè raccozzar mai si possano. Che forse, ove io nelle presenti circostanze mi fossi taciuto, potea venire il dì, che un qualche Schiavuccio travestito da Uomo, di me supponesse, o fingesse di credere, che io la libertà in parole soltanto lodata, in fatti odiassi; ovvero che io la libertà dai Francesi contaminata approvassi; o che io finalmente non conoscessi nè questi, nè quella.

AVVENIMENTI

Qualora un popolo, che geme oppresso sotto un'ingiusta, e non meritata tirannide, perviene ribellandosi a distruggere con la viva, e generosa forza la forza opprimente, egli è questo per certo un popolo appassionato, valente, apprezzabile, e meritevole di libertà. Ma nel dire io un popolo, non intendo la faccia oziosa, e necessitosa di una immensa Città; intendo bensì, una moltitudine, e quasi totalità di onesti abitanti sì delle Città, che del contado, promiscuamente composta di tutti i ceti; la quale, non istigata, non prezzolata, ma per naturale sublime impeto, dalle ricevute ingiurie commossa a sdegno, e furore agisce all'improvviso con entusiasmo, energia e schietto coraggio. Premessa questa definizione di un popolo ribellantesi, e de' suoi lodevoli sforzi, ormai scenderò ai francesi tumulti. Benchè di moltissimi io sia stato per circa quattr'anni testimonio oculare, potrò non di meno brevissimamente affastellarli, senza più menomarli.

Già fin dall'anno 1786, io stava a dimora in Parigi, oltre parecchi altri viaggi fattivi nella mia prima gioventù fin dall'anno 1767. Pare dunque, che io per esperienza avrei dovuto conoscere bastantemente il Gallume. E dirò, pel vero, che io fra i popoli dell'Europa, quasi tutti da me visitati in cinque anni di giovenili peregrinazioni, non ne avea visto alcuno (eccettuandone forse i soli Moscoviti) che sopportasse l'autorità assoluta, e la servitù che n'è figlia, con maggior disinvoltura, de' Francesi. Le incessanti prepotenze de' grandi, non che tollerate sempre, ma invocate spessissimo, e non mai vendicate, ne fanno ampia prova. Ed a volersi convincere quanto fosse o ignoto, o spento ogni seme di libertà nei cuori francesi, bastava il dare una rapida occhiata alle affollate anticamere dei ministri, sottoministri, e meretrici de' ministri, in Versaglia; dove un'intera nazione d'indefessi, e pieghevolissimi postulanti perpetuamente scorgevasi. Le mode stesse, ed il gergo di tutti i loro ceti, le iscrizioni perfino delle loro più vili taverne, dove la parola *Reale* in spaventevoli letteroni campeggiava pur sempre; e le tant'altre loro frasi di gratuita vigliacca cortigianeria, in bocca della più fetida plebe; questi usi tutti, largamente dimostrano, che i Francesi erano senza dubbio, non solamente schiavi, ma schiavi contenti, e degnissimi. Contuttociò ne voglio allegare in prova un sol fatto, ma di massimo peso; come quello che riguardando tutte le classi, verrà così a definirle; e precede immediatamente le novità del 1789.

Nell'Aprile del 1788, volle il Ministro Regnante *Lomenie* Arcivescovo di *Sens* sovvertire in ogni parte il governo. A ciò lo spingeva la totale mancanza del denaro pubblico, e l'impossibilità di raccoglierne coi mezzi ordinarj. I diversi Parlamenti del Regno, pigliando tutti norma da quel di Parigi, resistevano giustamente in ciascuna provincia all'accrescimento delle ormai insopportabili gravezze. Ma si era sopratutti distinto quello di Parigi, che tornato pur dianzi dall'esilio di Troyes, non aveva punto ceduto all'arbitrio dell'accennato Ministro. Alcuni dei più accreditati individui di esso si comportavano, ed in fatti, ed in parole, come uomini che quasi meritato sarebbersi di esser liberi veramente; e quali ch'elle pur fossero le nascoste cagioni, o i privati fini, che li movessero, certo è che un Parlamento di legittimi rappresentanti, liberamente eletti da un vero popolo, non avrebbe potuto mai con più calore, dignità, e libertà difenderne i diritti, nè porre un più giusto, e forte limite alle regie oppressioni. Qual fu dunque l'esito di questa moderata, e lodevole renitenza? Di pien mezzo giorno il dì 4 Maggio 1788 nel bel centro di Parigi, il palazzo della Giustizia, e il Parlamento adunatovi, sono investiti dagli armati satelliti regj chiamati Guardie Francesi, e Guardie Svizzere; di pien mezzo giorno, nel dì susseguente ne vengono estratti a viva forza, ed in toga, tre de' più eloquenti, ed arditi Parlamentarj, e al cospetto di tutto Parigi vengono strascinati fuor di Città, e inviati nel punto prigionieri in diverse lontane fortezze. Certo, se alcun atto mai assoluto, ingiurioso, e sfacciato veniva commesso in alcuna Monarchia, egli era ben questo. E se mai violenza alcuna tirannica dovea far muovere un popolo, che fosse stato di magnanima, e risentita natura, ell'era certamente ben questa. Io stesso, scrittore, costante, e implacabil nemico d'ogni qualunque tirannide, fremendo allora d'indegnazione, e di rabbia, più volte dattorno a quell'investito palazzo mi andai aggirando, e attentissimamente osservai ed i volti, e gli atti, e il contegno di quel popolo. Ed io asserisco, che allora, o coloro erano perfettissimi, e ben incalliti schiavi, o ch'io era in quel punto, e tuttavia sono, uno stupido. Quella naturale insofferenza del giogo; quel fremere sublime della oltraggiata, ed oppressa ragione: quel silenzio che parla, od accenna; quel tacito sogguardarsi l'un l'altro, che tradisce il cor pregno di torbidi affetti, e feroci; quella mal repressa bollente febbre dell'animo, il di cui impeto non mai pienamente domabile, se non iscoppia, minaccia; nulla quivi di sì fatte cose vid'io, per quanto in altrui le cercassi, per quanto io le sentissi in me stesso fierissime. Quell'Arcivescovaccio re, un mezzo cadavere con cinque fraticoli, facea pur tre-

mar tutta Francia egli solo: che così sempre avviene in quel regno; chi ha la cassa
e il bastone, ancorché quella sia vuota, e questo sia rotto, purch'egli nol dica e
l'adopri, è sempre obbedito, e temuto. E tanto ardiva codesto Arcivescovo, che
in quell'anno, pochi mesi dopo dichiarò un fallimento parziale ai creditori dello
Stato. Toccati allora nella borsa, cioè nella vera, e sola anima dei popoli vili, e
corrotti, un qualche sdegnuzzo si destò nei Francesi, ma non mai nella moltitu-
dine, benchè la stessa infima plebe (per una incredibile scostumatezza dei gover-
nanti, e dei governati, anch'essa vitalizzata) venisse così a perdere gran parte del
suo scarso vitto, somministratole come frutti dai pubblici fondi. Questa plebe
con tuttociò non dava alcun segno di vita, se le borse maggiori non incomincia-
vano a comprare da essa il di lei sdegno, con ricompense, e promesse cercando
di triplicarglielo; ed a comprare dai regj satelliti la impunità dei tumulti di quel-
la plebe pungolata, e sedotta. Due, o tre individui della classe chiamata dei gran-
di, trovandosi potenti assai di denaro, e disgustati allora con la Corte, comincia-
rono a stipendiar la plebaglia, perch'ella osasse pur fare, e stipendiare la soldata-
glia, perch'ella lasciasse pur fare. Ma chi volesse una giusta misura del quanto
poco osassero da principio costoro, e del quanto poco spontaneo, e terribile
fosse allora il furore venale di quella plebe vilissima, la ricavi dalla umile, e sola
vendetta eseguita allora contro al sopraccennato Arcivescovo fallitore Ministro.
Già erano passati otto giorni dalla pubblicazione di quel fallimento parziale,
quando il Re, dal mormorarne, che se ne facea grandissino, intimoritosi, indot-
to si era di togliergli il Ministero. Codesto Arcivescovo se ne rimaneva dunque
avvilito, e privato, in una sua villa situata tra Parigi, e Versaglia, sotto gli occhi,
e sotto la mano del Pubblico. Era incorso costui nell'odio dei buoni da prima
con le violenze usate alle leggi, ed ai loro generosi difensori, e Ministri. Era
incorso dappoi nell'odio di tutti, con quel suo disleal fallimento. Qual vendet-
ta ne fu dunque presa da quel popolo, che ora sì ferocemente e spoglia, ed ucci-
de ogni giorno chiunque non pensa come i di lui pagatori? Il nostro solenne
Arcivescovo, con le usate stolide plebee derisioni, in sulla piazza di *Greves* fu
arso, ma in un fantoccio di paglia, non attentandosi alcuno di cercare, ed estrar-
re dalla sua prossima villa il vero fantoccio di ossa, e di arderlo effettivamente.
Allora dunque, o umanissimo era quel popolo, o codardissimo. Umano non era,
poichè in appresso lo ha dimostrato, e va tuttavia dimostrandolo, con tante cru-
deltà volontarie inaudite, ed inutili. Era dunque allora quel popolo e schiavo, e
muto, e crudele, e codardo: o tale almeno con sì fatta maestria fingevasi, che ci
si sarebbe ingannato ciascuno.

Ma vediamo oramai quali fossero i primi vagiti della francese licenza.
Nell'aprile del 1789, una sollevazione del sobborgo di S. Antonio mandò a
fuoco, e a sacco la casa, e manifattura di un *Reveillon*, cartajo di parati, assai
ricco, ed in credito. La sanguinosa disparità delle opinioni non aveva ancora

divisa la città; quell'uomo era conosciuto per onesto da tutti, e da' suoi lavoratori amatissimo; non era sospetto al Governo, nè ai nemici di esso, non contrario in nulla a nessuno; non potente, non raggiratore; nessuna in somma delle cose era in lui, che vagliano a muover l'ira, o l'odio, o la vendetta di un pubblico. Quel tumulto contro un tal uomo, era dunque manifestamente un'esperienza di ribellione, comandata, e pagata da quei faziosi che disponevansi, dopo la imminente apertura degli Stati Generali, ad eseguire delle ben altre violenze. Motore, e pagatore di questa atrocità vile si era il Duca di *Orleans*, per mezzo degli infami raggiratori, che per lui, o sotto il di lui nome, operavano. Fu eseguita questa esperienza, per assaggiar l'obedienza, e la fedeltà de' soldati regj; e già da quel giorno si conobbe manifestamente, che le Guardie Francesi erano vendibili, e compre: ma le Guardie Svizzere, no. Codesto Duca di *Orleans*, si era mostrato sino a quel punto un mediocrissimo uomo in tutti gli aspetti; nè in appresso Egli è uscito mai dal mediocre, eccettuatane la trivialità di animo; nel quale pregio ha ecceduto, ed eccede la misura di Francese e di Principe.

Nel maggio consecutivo, mi è toccato poi veder co' miei occhi nel pubblico giardino del Palazzo Reale di *Orleans* dar la caccia ad un uomo, come darebbesi ad una fiera in un bosco. Il pretesto di sì nobile espedizione, fu, che colui era tacciato d'essere spia del Governo, e si noti che ve n'erano in Parigi di tali a migliaja. Codesto misero, non si sa come, improvvisamente preso ad inseguire da molti, correndo e ricorrendo per ogni lato del giardino, preso, rilasciato, straziato, battuto, attuffato più volte nella gran vasca dell'acqua, e dopo mille sanguinosissimi scherzi fattigli da quello stuolo di schiavi scatenati, durata tal festa più di quattr'ore, fu finalmente trafugato da qualche pietoso, ma in quella notte morì. Fu questa la prima impresa campale del Popolo di Parigi, abbandonato a se stesso, nell'interregno di quasi due mesi, che correva tra la caduta invisibile ma effettiva, e la caduta manifesta della regia podestà. E questo annullamento indugiò a manifestarsi fino al 14 luglio dello stesso anno; giorno in cui visibilmente sulle rovine dell'antica, inalzossi un'autorità nuova; mentre da più di sei, o otto settimane inoperosa giacevasi l'altra. Ed a provare il suddetto interregno, bastimi il dire, che di sì atroce strazio, e omicidio seguito in un pubblico giardino in pieno giorno, nessuna autorità ne fece giustizia, e debolissime ne furon fatte, ed inutili, e tremando le perquisizioni. Lo stesso avvenne alcuni giorni dopo, circa la frattura delle carceri dette della Badìa, dalle quali vennero estratti a viva forza di plebe varj soldati della Guardia Francese imprigionati per insubordinazioni, ammutinamenti, e altri delitti militari, tutti forieri della prossima total defezione di esse.

Ma eransi frattanto congregati in Versaglia gli Stati Generali. Quella più che regia Adunanza, dopo aver con aperta violenza sforzato i due Ordini, Ecclesiastico, e Nobile, ad incorporarsi passivamente con essa, sotto il nuovo titolo di Assemblea Nazionale, usurpavasi la intiera assoluta sovranità. Ed in vece di eseguire le positive, e concordi istruzioni de' suoi legittimi elettori, espressamente le andava violando ogni giorno, a nome del popolo, con le minacce, ed ajuto della plebe, operando per l'appunto, l'opposto di quanto le era stato intimato di fare dal popolo vero, cioè da tutti i possidenti del Regno. Tenevasi in codesta adunanza la pubblica scuola dell'ignoranza, dell'immoralità sociale, e della licenza. Gli spettatori, o fanatici, o stupidi, o stipendiati, o scellerati, facevano un indecentissimo eco all'insania, e impudenza di quei facinorosi strioni. Più volte, con mio sommo fastidio, ed indegnazione udiva io stesso ora spaventar con minacce, ora villaneggiare con servili improperj, quei deputati, che dissentivano dai sediziosi. In tal guisa veniva loro, o vietato, o troncato il discorso; cosicchè in quella funesta Assemblea, più che in nessuna Corte, ad ogni onesto, e libero avviso era impedita ogni via; e il non far coro coi dominanti ribaldi, a capital delitto ascriveasi. Da un sì fatto scandaloso consesso assoluto, dovea dunque nascere, e trionfare il disordine pubblico.

Ed in fatti la famosa giornata del dì 14 luglio 1789 fu quella che die' la corona all'iniquità vincitrice. Rapidamente la narrerò.

Il dì 12 luglio mattina, in Domenica, si era saputo da tutto Parigi, che nella sera del Sabato il ministro *Neker* era stato dimesso d'ogni carica, esiliato dal Regno, e partito nella notte medesima. Era codesto *Neker* l'assoluto Ministro del Re, che sottentrato all'Arcivescovo di *Sens* aveva con la sua insistenza fatto risolvere il Re alla convocazione degli Stati Generali colla preponderante rappresentazione del *Terzo Stato*, così detto l'ordine popolare. Quindi i Deputati di questo ceto, eletti eguali in numero ai Deputati di entrambi gli altri Ordini, Ecclesiastico e Nobile, cessavano immediatamente di essere il Terzo Stato, e da prima divenuti erano la metà degli Stati, e in poche settimane se ne fecero essi stessi il tutto, avendo sedotti alcuni dei due altri Ordini, coi quali ottenuta la maggiorità de' suffragj, rimase annichilato, ed inutile ogni ostacolo al loro assoluto volere. Codesto *Neker*, Tedesco d'origine, Ginevrino di nascita, Banchiere di professione, arricchitosi in Parigi, era già stato Ministro delle Finanze cinque, o sei anni innanzi, e le avea rette assai bene, con intelligenza, ed integrità: onde il pubblico, che sopra ogni cosa temeva il fallimento, molto confidava in quest'Uomo, considerandolo come un impedimento, o una remora al fallimento. Il di lui esilio, inaspettato, fu dunque la tromba della sollevazione. La sera del dì 12 luglio, verso l'un'ora della notte cominciarono ad adunarsi da 1500 circa persone armate, nel solito giardino del Palazzo d'*Orleans*: i più erano feccia di Plebe; ubriachi moltissimi, disordinati, e stolidi tutti: tali in somma, che un corpo di vere truppe forte di soli 600 soldati fedeli gli avrebbe tutti presi, e frustati, che altro gastigo non meritavano. A notte inoltrata usciva un sì fatto esercito, preceduto da molte fiaccole, cercando per le diverse vie di Parigi i soldati del Re, che oramai più non v'erano; essendosi quasichè tutti ritirati sul far della notte nel vicino Bosco di *Boulogne*, dove già prima accampavansi. Sole alcune poche compagnie del Reggimento *Real Tedesco*, Cavalleria, erano rimaste qua, e là spicciolate a' varj capi di strade nel circondario delle *Tuileries*, e del palazzo d'*Orleans*, e dei Baluardi. Invitati dunque gl'Insurgenti dalla debolezza dei nemici, secondati dalla notte, e dalle Guardie Francesi, che in buon numero, e con artiglierie si andavano unendo a loro; con poche schioppettate qua, e là, e con moltissimi urli, e schiamazzi, riuscirono facilmente a scacciare del tutto di Parigi quei pochissimi, e mal collocati custodi, sì stoltamente stati lasciati alla guardia di una sì immensa Città.

Il giorno seguente, lunedì 13 luglio, correvano armati per le vie di Parigi, padroni assoluti di esso, quei mascalzoni armati di picche, di falci, di spiedi, e d'altre sì fatte armi. Allora ciascun possidente incominciò a tremare, vedendosi in preda a cotai difensori. La Municipalità, che espressamente li avea lasciati o fatti trascorrere per la Città, affinchè ne risultasse la necessità di un armamento più sistemato, e potente, deliberò nella sera del dì 13, che l'indomani si armerebbero regolarmente dodici mila cittadini, per rimettere, e mantenere il buon ordine. Quindi il martedì mattina si estrassero a viva forza dalla copiosissima armeria posta nel quartier degl'Invalidi, quante arme vi si trovarono. Più di 40 mila schioppi furono distribuiti a chi tumultuariamente ne domandava. Vi furono presi altresì tutti i cannoni, che v'erano in buon numero, e rimasero a disposizione delle Guardie Francesi, che sin dalla domenica erano manifestamente ribellate al Re. In tal modo armatasi la città tutta contro un Re, che disarmato da se stesso si era, non gli riuscì nè dubbia nè difficile la vittoria. Verso le ore due, o le tre di quell'istesso giorno 14 luglio, si assaltò, e si prese la Bastiglia in nome della Municipalità; nè quella fortezza fece punto difesa, nè avrebbe avuto dei viveri da sostenersi. E fu questo finalmente il momento, in cui il Governo regio, da più e più giorni già morto, venne chiarito cadavere dalla totale impunità, e riuscita degli accennati tumulti popolari: ma era stato necessario il vivamente tastarlo per accertarsene.

Ma io qui, con mia somma vergogna, sono costretto di confessare candidamente che in quel giorno della presa della Bastiglia, credendo piuttosto quello che avrei desiderato, che non quel che era, io stesso stoltamente m'indussi a sperare un buon esito da sì fatto tumulto. Io, mal avveduto, credei, che un Re a cui sfuggiva di mano un'autorità illimitata, avrebbe potuto poi, rivestito di un'autorità più legittima, e misurata, con utile di tutti esercitarla, senza pericolo, nè per sè, nè per gli altri. E questo credei, affidandomi nella quasi universal volontà di quel regno, manifestatasi legittimamente per via delle istruzioni date ai Rappresentanti. Il tempo giudicherà poi, se nel creder tal cosa io abbia errato come inesperto conoscitore degli uomini, o come inesperto conoscitor de'

Francesi; delle quali due inesperienze, mi riuscirebbe vergognosa la prima, ed onorevole la seconda. Io dunque, checchè ne fosse, credei avviato, e facile a compirsi ogni buon ordine, dal punto in cui tutta una Nazione, che pareva e volerlo, e conoscerlo, non si trovava nessunissimo impedimento all'eseguirlo. Nè mai potei credere allora, che una intera Nazione avrebbe ricevuto la legge dai proprj suoi eletti Emissarj, che in men di tre mesi, se ne fecero gli assoluti tiranni. Non m'intendendo io dunque affatto di schiavi, stupidamente andai credendo così l'impossibile; ed al vero negando fede, disonorai allora la mia penna, scrivendo una Ode sopra l'impresa della Bastiglia, ch'io reputai base di futura libertà per la Francia. Ma in ciò mi portai da sincero amatore della libertà, non meno che da generoso nemico dei Francesi, i quali pur sempre abborriva; poichè augurai loro il sommo dei beni, e li stimai capaci di possederlo: non in tal guisa però ch'io il mi credessi del tutto; ed in prova, appiccicai a quella stessa mia Ode una Favoluccia, che può assolvermi in parte dalla taccia di credulo stupido.

Da quel giorno memorabile del 14 luglio 1789, in appresso, sempre più costoro colla violazione d'ogni proprietà, d'ogni giustizia, e d'ogni legge umana, e divina, sono andati mostrando all'Europa, ch'essi non erano già degli uomini tornati liberi, ma de' veri schiavi licenziosi e insolenti, finche il cessar della verga li lascerebbe pur essere.

Ma tediato oramai di un tal tema, io accennerò di volo, nominandole appena, le moltissime altr'epoche, che rapidamente hanno disingannato tutti quei veri amatori di libertà, i quali aveano dapprima creduto in costoro.

Dì 6 ottobre 1789. Prima cattura del Re, condotto a viva forza di Versaglia in Parigi.

Dì 18 aprile 1791. Insulti di fatti alla persona del Re, vietandogli con la forza di andare per tre giorni alla sua Villa di S. Cloud, benchè egli vi andasse custodito dai soliti suoi carcerieri armati, e non si proponesse altro scopo in quel breve mutamento di carcere, se non se di pigliarvi tranquillamente la Pasqua da' Preti della propria di lui religione, la quale era ancor quella di quasi tutti gli abitanti della Francia, che n'avessero una.

Dì 24 giugno, stess'anno. Fuga del Re, e sua seconda cattura, ricondotto in Parigi fra i massimi obbrobrj.

Dì 1 ottobre, stesso anno. Seconda Assemblea sotto il titolo di legislativa, più stupidamente ignorante, e più pazza assai della prima, essendo composta di individui macchiati quasi che tutti, facinorosi, e pezzenti.

Dì 1 maggio 1792. La Guardia del Re, un mese prima legalmente assegnatagli dalla stessa Assemblea, arbitrariamente, e violentemente soppressa in una notte dall'Assemblea.

Dì 20 giugno, stesso anno. Il Palazzo del Re invaso, e trascorso da una immensa folla di plebe, con l'ultimo e totale avvilimento della di lui persona, imberrettata per forza in quel giorno della purpurea mitra di libero galeotto, quale la portavano quegli assassini.

Dì 10 agosto, stesso anno. Battaglia murale della Reggia espugnata da una ciurma di dugentomila schiavi, assassini a ciò spinti con minacce, e danaro; e malamente difesa di circa 1500 soldati, che i più Svizzeri, i quali quasi tutti vi perirono.

Dì 2 settembre, stesso anno. Strage vigliacca della Principessa di *Lamballe*, amica, e parente della Regina, assassinata nelle carceri, e così moltissimi altri illustri innocenti, fra' quali nella sola Chiesa del Carmine, alcune centinaja di venerabili Sacerdoti e Prelati, ed infiniti altri onorati, ed integri uomini, che in tutte le carceri stavano affastellati; e tutti vi rimasero trucidati in quel funestissimo ed obbrobriosissimo giorno.

Dì 21 settembre, stesso anno. Il nascimento dell'abortiva Repubblica, sotto sì fatti liberi auspicj: e finalmente il dì non so quale, nè di qual mese, nè di qual anno (poichè io sto rammentando queste epoche il dì 24 gennaio 1793, in Firenze, dove poco so, e pochissimo m'importa il sapere quel che seguirà nella cloaca Parigina) il giorno dico futuro, ma certamente non lontano dell'assassinio del Re, seguito poi da una intera dispersione, e macello de' suoi, e seguito poi, non molto dopo, dal macello de' regj carnefici, e perpetuamente seguito da altre incessanti stragi, sino all'estinzione, ed esequie della nata-morta Repubblica. Queste epoche tutte, e passate e future, che altra storia non meritano se non se il nojoso periodo di un solo fiato, che il tempo ne accenni, e il fetore; quest'epoche (stomachevoli tutte a chi la libertà conosce, e desidera) sono, e saranno la viva prova perenne, che codesto popolo non l'ha nè sentita, nè conosciuta, nè desiderata, nè ottenutane neppure mai l'apparenza.

EPILOGO

Qualunque cosa sia dunque per accadere in Europa, dove la funesta imbecillità dei Principi tutti, l'Ignoranza, o l'infedeltà di chi li governa, la torpidezza, o la codarda inopportuna benignità del Principato, la insolenza, e non curanza dei Grandi, la bollente vile invidia dei piccoli, la pusillanimità dei Possidenti, la scontentezza e l'audacia de' poveri, ed insomma la eccessiva corruzione di tutti, vanno pur procacciando assai partigiani a codesti impudenti liberti, e massimamente nella infinita classe dei loro simili; io per tutto ciò non mi rimuoverò pur giammai dalla mia antica opinione circa i Francesi, concepita su i modi, e costumi loro da prima, e confermata poi sì ampiamente dal loro procedere in ogni cosa. Che a tutto restringere in breve, costoro in somma, nel corto periodo di quattro anni, e mesi hanno indubitabilmente saputo accumulare, ed accrescere i mali tutti, e gli orrori della sanguinosa licenza, e tirannide mostruosamente accoppiate, senza pur mai rattemprarli con un solo de' menomi beni della Libertà.

Io quindi, per semplice sfogo di addolorato, e libero animo, e colla speranza di esser forse quando che sia di alcun giovamento o sollievo ai pochi liberi, e retti individui che mi leggeranno, sono andato qui inserendo molte diverse composizioncelle, dalla indignazione dettatemi, e dall'amore del vero, e del retto, e degli uomini: Sonetti, Prose, Epigrammi, Dialoghi, ogni cosa frammista; nè altrimenti ordinata, se non se come venivano fatti, e scritti, ora in mezzano, ora in sollevato stile, od in umile e talora anche in bassissimo, per meglio adattarne al soggetto lo stile. Ai più de' componimenti sono andato apponendo le date dei mesi, e degli anni, in cui erano scritti, perchè rimanessero schiariti dal riscontro dei fatti coincidenti. E dove bisognerà, vi apporrò anche od il titolo, o brevissime note, per massima chiarezza di quei lettori, che saranno anche mediocrissimamente informati di quanto accadeva. Ma tempo è di dar fine a questo pur troppo già soverchio preambulo. Onde finisco col dire che se la Fortuna (cieca ella sempre, ed ingiusta spessissimo) volesse pur concedere alle armi dei Francesi prosperità, ed estensione a quelle opinioni, che dei Francesi non sono quanto al retto, ed all'utile ch'esse hanno per base, ma son bensì dei soli Francesi quanto al guasto, sconvolto e servile metodo di adoperarle; non riuscirà per tutto ciò meno vero, che i Francesi non saranno mai stati per l'addietro, nè sono al presente, nè mai potranno essere liberi: come vero altresì, che nessun popolo potrà essere, o farsi libero mai, nè per mezzo de' Francesi, nè seguitando il loro operare, nè somigliandoli in cosa nessuna. E quanto a me poi, ne vengo ad un tempo stesso a conchiudere, che serbarmi carissimi sempre e voglio, e debbo nel cuore, que' due miei preziosi affetti primitivi; amore e adorazione della libertà vera; profondo e ragionato abborrimento per un popolo, che, colle ribalde e servili sue opere, ha intrapresa, e compiuta pur troppo, presso ai maligni idioti, la ignominiosa satira del sacrosanto nome di Libertà.

NOTA
SPETTANTE GL'INTERESSI PRIVATI
DELL'AUTORE IN FRANCIA

L'Autore, partito di Parigi il dì 18 agosto 1792, vi lasciò ogni suo avere, fra cui, tutti i suoi libri, e varie sue cose manoscritte. Il tutto gli viene sequestrato alcuni giorni dopo, tacciandolo di fuoruscito, cioè d'esser Francese, ed alcuni mesi dopo, il tutto fu venduto, o perduto, e disperso. Trovandosi egli poi in Firenze, scrisse da prima la seguente letteruccia con animo di spedirla a Parigi.

DOCUMENTO I

VITTORIO ALFIERI
al Presidente della Plebe Francese.

Il mio nome è Vittorio Alfieri: il luogo dove io son nato, l'Italia: nessuna terra mi è Patria. L'arte mia son le Muse: la predominante passione, l'odio della tirannide; l'unico scopo d'ogni mio pensiero, parola, e scritto, il combatterla sempre, sotto qualunque o placido, o frenetico, o stupido aspetto ella si manifesti o si asconda. Dopo aver dimorato in Parigi più anni, ne sono partito in questo agosto coi passaporti dovuti, pur troppo; e fui costretto di venir cercando, e libertà, e sicurezza (chi 'l crederebbe?) in Italia. Appena partito da Parigi, mi vennero colà sequestrate tutte le cose mie, non so da qual Potestà, nè sotto qual pretesto, nè con quale arbitrio. So che fu ingiustamente, e senza nessun altro diritto, che il regio, e la forza.

Io dunque ridomando alla Plebe Francese i miei libri, carte ed effetti qualunque, da me lasciati in Parigi sotto la custodia del comune diritto delle Genti civilizzate. Se mi sarà restituito il mio, sarà una mera giustizia; se ritenuto, o predato, non sarà altro che una oppressione di più fra le tante che hanno alienato, ed alienano giornalmente i più liberi, e sublimi animi dell'Europa dal sistema francese, i di cui principj (non inventati per certo dai Francesi) sono verissimi, e sacrosanti; ma i mezzi fin ora adoprati, senza neppur conseguire in apparenza l'intento, ne riescono inutilmente iniquissimi.

Firenze, 18 novembre 1792

Questa lettera non fu mandata, perchè l'Autore, vivendo, e temendo per altri
più assai che per se, non volle esporre una persona a lui cara, e sacra del pari, a
dover mendicare nuovo asilo: stante che il Granduca di Toscana (ancorchè fra-
tello dell'Imperatore) gemendo allora sotto la funesta amicizia della nuova
Repubblica Francese, ad ogni minima richiesta di essa avrebbe dovuto per lo
meno espellere da' suoi felicissimi Stati e l'Autore, ed ogni sua aderenza.

Circa due anni dopo quella sua totale spogliazione parigina, l'autore con l'oc-
casione, che un suo conoscente Italiano andava per pubblici affari a Parigi, gli
consegnò la seguente memoria brevissima per procacciare almeno la restituzio-
ne delle di lui carte, e dei libri, la di cui privazione gli riusciva dolorosissiina.

DOCUMENTO II

MEMORIALE DA VITTORIO ALFIERI
trasmesso in Parigi nel Marzo 1795

> Per farmi libero io,
> Molti anni addietro, credulo ingolfai
> In Francia più che mezzo l'aver mio.
> Quel Re Luigi, a chi il danar prestai,
> Dieci anni dopo mi donò i tre quinti
> Soli dei frutti, con bontà regale:
> Ma la Nazion leale,
> Del Re biasmando gli atti come rei,
> Restituimmi tosto i cinque quinti;
> Poi, di lì a poco, men ritolse sei.

L'Autore si servì di quella antiaritmetica espressione di *sei quinti* per venire
appunto a specificare così brevemente, e con verità, che gli era stato tolto, oltre
gli annui dovuti frutti futuri, anche gli arretrati di due anni: e di soprapiù poi i
suoi mobili tutti, e libri, ed effetti d'ogni sorta.

Quell'amico Italiano dimorante in Parigi, avendo alcuni mesi dopo risposto
all'Autore, che quei Barbassori riconoscevano esser giusta la di lui domanda, e
che v'era la miglior *Volontà* nel Governo allora vigente di fargli restituire alme-
no i libri, e le carte (essendosi appurato, che questo soltanto delle di lui spoglie,
non era stato fin allora venduto), ma che le difficoltà eran grandi, le formalità
moltissime (benchè al pigliare se ne fossero adoprate pochissime), e che la riu-
scita sarebbe se non dubbia, almeno lunghissima. Allora l'Autore, per esser egli
d'indole assai poco pregante, volle con la qui annessa *Ricevuta finale* spedita

all'amico a Parigi, liberare se stesso dalla noia di chiedere il suo, e quelle delicate Parigine coscienze assolvere ad un tempo dallo scrupolo di ritenere l'altrui.

DOCUMENTO III

Quietanza finale di Vittorio Alfieri

Alla Repubblica
spedita in Parigi nel Luglio 1795

In nome della santa
Indivisibil una Libertà
Qui scrivo ciò che canta
La indomabil mia pura Povertà.
A te, mio agente, mando carta bianca
Di quanto emmi dovuto dalla Franca.
Ai Cittadini, a cui la Città manca,
Io sottoscritto do piena quietanza;
Avendo ricevuto
Più pagamenti. Primo, la mia Pelle,
Ch'io presi in don dai Novecento Re,
Partendo in fretta in furia dalle belle
Contrade della nuova *Liberté*.
Secondo, ho ricevuto
Lor Volonté (ch'è una Cambial segreta)
Di ristorarmi dei sofferti mali,
Pagando al par che i Frutti i Capitali.
Qui il doppio ho ricevuto;
Sendo lor *Volonté* miglior moneta
Che non è la lor Carta,
Ove in quattrin la Lira invan si squarta.

E questi erano i tre soli documenti d'ogni privato interesse fra lo spogliato Autore e la spogliante Repubblica.

PROEMIO.
13 GENNAIO 1795.

VI.   .....Funemque reduco
PERSIO, Sat., V, 118.

Al Carcer lor gli Schiavi io riconduco.

Odio all'emula Roma acerbo eterno
Giurava il forte Annibale su l'ara:
Nè a vuoto usciva la minaccia amara,
Che gli era anzi di Gloria eccelso perno.

Io, benchè nato nel più inerte verno
Dell'Italia spezzata, e d'armi ignara,
Odio a' Galli giurai, nè fia men chiara
Quest'ira un dì, s'io l'avvenir pur scerno.

Forse verrà, che in altri Itali petti
Sdegno e valore ribollendo, e forza,
Farà mio giuro aver sublimi effetti.

Svelato intanto in sua bugiarda scorza
Sia 'l putridume dei superbi insetti,
Che virtù grida, e ogni virtude ammorza.

EPIGRAMMA I.
18 FEBBRAIO 1790 IN PARIGI

Nobili senza onore,
Senza veleno Preti,
Plebei senza pudore,
Han frammisto i lor ceti,
Pari tutti in valore:

Mentre un Re senza testa,
Senza ferro, e senz'oro,
Senza saperlo appresta
Di Libertà il tesoro:
Se pur tal Diva è questa,
Che ha sangue senza alloro.

Questo (e non mento) è il come,
Forse i Galli torran d'Uomini il nome.

SONETTO I.
22 LUGLIO 1790 IN PARIGI

VII. Res itaque ad summam foecem, turbasque redibat,
Imperium sibi cum, ac summatum quisque petebat.
LUCRET., Lib. V, vers. 1140.

Così all'infima feccia delle turbe
Cadea 'l comando, ogn'uom regnar volendo.

Preso ha il timon chi fu pur dianzi al Remo
E toga, e mitra, e spada, e scettro, e penna,
Tutto in un fascio, appiccasi all'antenna,
Scherno alla Ciurma onde ogni capo è scemo.

La trista barca, ridotta in estremo,
Vele rinnuova all'arbor, che tentenna,

E, imberrettato, Libertade accenna,
Ma in preda lascia ai venti e prora, e remo.

Ora i fianchi rintoppa, or con la tromba
A forza aggotta; indi secura tiensi,
Tal che di gioja il grido al Ciel rimbomba.

Poco intanto il biscotto, i mari immensi,
Tutto è sentina in quella viva tomba:
E così ai liti di Fortuna viensi.

SONETTO II.
26 LUGLIO 1790 IN PARIGI

Barbari ai nomi, alla favella, al naso,
All'arti tutte in man di voi pur Sime,
Perchè sbrigliati or vi troviate a caso,
Sete voi fatti già d'uomini cime?

Vecchi Bambini, carchi di lattime,
Balbettando virtudi avete raso
Un Regno, e sovra le rapine opime,
Di non Attico sal vuotato il vaso.

Pria d'erger dunque archi, leggende, e altari,
Dove ardendo a voi stessi incensi voi[6],
Annichilate i popoli più chiari;

Piacciavi un po' di fabbricar gli Eroi,
E far, non dir, liberi in Gallia i Lari. –
Stolto è chi pone il carro innanzi ai buoi.

---

[6] Allude alle pompose Iscrizioni in lingua Celtica, poste negli apparati Teatrali del Campo detto di Marte nella Festa intitolata la Federazione, eseguita in Parigi il dì 14 luglio 1790 anniversario del 1789.

SONETTO III.
17 AGOSTO 1790 IN PARIGI

VIII. Τίς γαρ δεδοικάς μηδεν, ενδικος βροτῶν;
ESCHILO, Eumenidi, vers. 702.

Qual Uom fia giusto, ove pur nulla ei tema?

O Dea, tu figlia di valor, che aggiungi,
Duo gran contrarj, Indipendenza, e Leggi;
Tu, che da' miei primi anni il cuor mi pungi,
E mia vita, e' miei studj arbitra reggi;

Tu, di Giustizia Suora, or ten disgiungi?
Religion, già base tua, dileggi?
Lagrime, ed auro da ogni tetto emungi?
E tempio infetto infra vil gente eleggi?

Ah! no, la Diva mia, del Tebro Diva,
Del Tamigi, e di Sparta, ai Galli ignota,
Mai non volò su questa infausta riva.

Licenza è questa; alla lisciata gota
Ben la ravviso; e, d'ogni pudor priva,
Volger si affretta la sua breve ruota.

SONETTO IV.
25 OTTOBRE 1790 IN PARIGI

D'inutil muro un giro ampio senz'arte
Chiude (or pochi anni) la Città, cui Senna
Da dieci ponti doma, in due diparte;
E chi alberghi in sua cerchia, il muro accenna.

La pazza spesa intorno intorno ha sparte
Barbare moli, il cui veder dissenna

Ogni uom che in Greca, od in Latina parte
Visto ha qual volo Architettura impenna.

Da due lati ogni ingresso è impiastricciato
Di panciuti edifizj e sconci, e nani;
Rombo, trapezio, ottangolare, ovato

Templi, diresti, in cui si adoran Cani;
Tal, di lor gambe a foggia, han colonnato.
Ma quai fur gli Architetti? I Pubblicani[7].

SONETTO V.
30 OTTOBRE 1790 IN PARIGI

Gente più matta assai che la Sanese
Or vedria Dante nostro, s'ei vivesse;
Se (come io l'odo) udire ei pur dovesse
Tutto dì millantarsi la Francese.

Schiavi ognora costor, dacchè s'intese
Di Francia il nome, or da tre giorni han smesse
Lor vetuste catene, cui mal resse
Con man più ch'essi eunuca un Re Borghese.

Han trasmutato l'un tiranno in mille,
In calunnie le spie, l'argento in carta,
I ricci in baffi, ed in quattrin le squille.

Libertà ch'ei non hanno, han pur già sparta
Per tutta Europa; ogni Galluzzo è Achille;
E sono un nulla e Atene, e Roma, e Sparta.

---

[7] Cioè gli Appaltatori generali del Regno, che inesperti economi, persuasero a quell'inesperto Governo di fare quell'inutilissimo Cinto di muri, la di cui direzione affidarono a presontuosi, ed inesperti Architetti, che con orribile, e risibile dispendio la effettuarono, e il tutto alle spese di quel buon popolo illuminato, ed esperto in Architettura quanto nella Libertà.

SONETTO VI.
13 NOVEMBRE 1790 IN PARIGI

Stridula ruota di vil carro informe
Vid'io talor, col suo girevol cerchio
Fendere il negro fetido coperchio
D'alto fangaccio liquido che dorme.

Appiccicate ad essa ergonsi a torme
Le sozze particelle, il cui soperchio
Tosto ricade, e fa di sè scoperchio
Il legno che oltrepassa, e non lascia orme.

Tal veggio or qui nella Città del Loto,
Oratoracci infra una vil genia
Aggirarsi per darle anima, e moto.

Ma il frutto di lor stolta diceria
Un delitto sempr'è, di senno vuoto,
Per cui si ottien che ogni uom più sozzo sia[8].

SONETTO VII.
2 FEBBRAIO 1791 IN PARIGI

Impetuoso Borea stridente
Davanti a se fugace neve incalza,
E tra' vortici suoi densa la inalza,
Sì che l'aere s'oscura orribilmente.

Mentr'atomo contr'atomo, fremente,
Volteggiante, l'un l'altro urta, e trabalza;
Mobil caos che se stesso, in sè rimbalza,
Veggio, e agli occhi sparisce di repente.

---

[8] Più sozzi assai che non erano ci riescono i rigenerati presenti schiavi Francesi, appunto a cagione del maggior contatto, e arruotamento dei loro putrefatti individui. È antico assai il proverbio che dice: Fogna rimestata, raddoppia il profumo.

Tale, al soffio perenne imperïoso
Di passioni mille, in preda ratto
Va il Gallo bulicame in notte ascoso:

E si aggira, e travagliasi, e disfatto
Resta frattanto pria d'aver riposo;
Nè, in migliaja, pur uno è stato e ha fatto.

SONETTO VIII.
17 FEBBRAIO 1791 IN PARIGI

Io, cui Natura, esperienza, e amore
D'ogni antica bell'arte, o fatto antico,
Implacabil fean sempre aspro nemico
Di Tirannide, madre di rancore;

Di quante n'ebbe il mondo or la peggiore
Io lauderei, di Vïolenza amico?
Ogni abbiente veder fatto mendico;
Grande ogni vil, possente ogni impostore?

E infami schiavi scellerati tanti,
Di sacrosanta Libertade in nome,
Lieti, e pingui veder degli altrui pianti?

Servil gregge malnato, invan ti nome
Popol; sei plebe, e il sei più ria che avanti,
Dacchè in serto regal cinte hai tue chiome.

SONETTO IX.
2 APRILE 1791 IN PARIGI

Ricchetti[9], Itala stirpe, arguto audace
Ingegno, a Senna in riva or muore acerbo;
Quando più par di sua facondia il nerbo
Debba ai Galli fruttar e senno, e pace;

Tal punto è questo, che sua morte spiace,
E a quei che i prischi errori ha posto in serbo,
E a quei che già di Libertà superbo
Sen va, mentr'ella nata-morta giace.

Libero dunque era Ricchetti, o il finse?
Poichè ambe in esso le contrarie parti
Speravan pur, finchè a parlar s'accinse? –

Ahi, Gallia, scarsa di sublimi parti;
Quai Demosteni hai tu, se tutti vinse
Costui, non Greco al dire, Italo all'arti?

EPIGRAMMA II.
8 MAGGIO 1792 IN PARIGI

Falso orecchio hanno i Galli, e semi-naso,
Scema testa, corti occhi, e molle mano.
Che resta dunque in fondo di un tal vaso,
Onde abbia uscirne un popolo sì vano?
Due gran cose; ed entrambe
Fan tutto l'esser loro, lingua, e gambe[10].

---

[9] Ricchetti, o sia Arrighetti, nome di Casato Fiorentino, che dicesi essere il vero casato del Conte di Mirabeau, deputato agli Stati Generali, eletto per il terz'ordine dalla Città di Marsiglia. È da osservarsi una proprietà del suolo Francese, ed è che i traspiantati in Francia degenerano; ma i traspiantati di Francia in ogn'altro terreno, non migliorano mai.

[10] Allude ai primi fatti d'arme di Lilla, e Valenciennes verso il fine di Aprile, in cui i Francesi maggiori di numero fuggirono, messi in rotta da pochi Austriaci, senza neppur combattere; arte che poi tutte le altre Nazioni impararono da essi nel seguito di questa guerra.

EPIGRAMMA III.
1 GIUGNO 1792 IN PARIGI

Galli miei, ben si può fiacchi, e modesti
Essere, ed anco impertinenti, e forti;
Benchè, miglior di questi
Sia l'uomo, il cui valor modestia porti.
Ma l'esser fiacchi, e impertinenti a un tratto,
Dote rara, e novella, è vostra affatto.

SONETTO X.
12 SETTEMBRE 1792 IN ATH NELLE FIANDRE

IX. Ἀπέθανον δέ τινες καὶ ἰδίας ἔχθρας ἕνηκα,
καὶ ἄλλοι χρημάτων σφίσιν ὀφειλομένων, ὑπὸ τῶν λαβόντων
πᾶσά τε ἰδέα κατέℓη θανάτου. Καὶ γαρ πατὴρ παῖδα ἀπέκτεινε,
καὶ ἀπὸ των ἱερῶν ἀπεσπῶντο, ἀλλ'εἴς τὰ αὐτὰ ἐκτείνοντο.
TUCIDIDE, lib. III, cap. 81.

Uccisi ne erano alcuni dai loro privati nemici, altri dai lor debitori,
che delle *mal affidate ricchezze li risarcivano uccidendoli*. Tutto era morte
d'intorno; ucciso era il figlio dal padre, e dai sacri Templi non venivano
già estratte le vittime a sì inumano furor consacrate,
ma negli stessi Templi uccidevansi.

In altro Agosto insanguinar già vide
L'onde sue l'empio Senna; ma quello era
Delle tenebre il secolo, cui fera
Religiosa crudeltà conquide.

D'ogni uomicciol maestra, oggi si asside
Filosofia dolcissima, che impera
Di tutte sette tolleranza intera,
E le passate immanità deride.

Eppur, quest'oggi, il traditor coltello
Fa d'ognun, ch'abbia illustre, o intatto il nome,
E di Preti, e di Donne, empio macello[11].

Mandra assassina, a te dovute some
Son ferrei ceppi; a te, il regal flagello,
Che ognor tuoi schiavi imbaldanziti, dome.

SONETTO XI.
13 settembre 1792 in Ath.

Sua Maestà la Nazïon Gallina
Si è compiaciuta di rubbarmi tutti
I mie' cavalli, e porvi su i suoi Brutti[12]
Che forman la Masnada Parigina[13].

Già gli Austriaci, e' Prussiani, e la Czarina,
Se la fan sotto, a loro spese istrutti
Come la Galla infanteria si butti
Feroce indietro, a destra ed a mancina[14].

Quai cavalli fien atti a seguitalli?
E i miei son velocissimi, per Dio;
Bench'io usassi all'innanzi ognor mandalli.

Rubino i ladri, è il lor dovere; il mio
È di schernirli; al Boja, l'impiccalli;
Il seppellirli, lascisi all'Oblio.

[11] Allude ai macelli fatti in Parigi il 10 Agosto, e 2 Settembre 1792, anniversari del 24 Agosto 1572.
[12] Brutti per Bruti, licenza di Rima, della quale speriamo non sia per offendersi in questa occasione la venerabil Ombra del Bruto vero.
[13] All'autore vennero confiscati, immediatamente dopo la di lui partenza di Parigi, anco i cavalli, come ogn'altra sua proprietà, meno la penna, e la mente, ch'egli ebbe l'avvertenza di portarsele seco.
[14] Allude alla battaglia di Grand-pré nella Sciampagna, dove i Francesi persisterono pure nell'intrapreso metodo del fuggire.

SONETTO XII.
14 SETTEMBRE 1792 IN ATH

Atroce assai, ma più codardo, stuolo
Di rugginosi imbelli spiedi armato,
Ecco si avventa al carcer mal guardato,
In cui si ammontan giusti a suolo a suolo.

Di orribili urli rimbombare il polo
Odo, e fuor tratti i miseri, svenato
Veggio spirar ciascun l'ultimo fiato;
Nè pianger posso, immenso tanto è il duolo.

E una leggiadra Donna, d'alto sangue[15]
Nata, (oimè) veggo del bel capo scema,
Giacer negletto orrido tronco esangue.

Giacer? che dico? Ahi feritade estrema!
Poco è la morte; il vil furor non langue;
Vuol ch'empio strazio anco il cadaver prema.

---

[15] Parla della Principessa di Lamballe, trucidata nelle carceri il dì 2 Settembre, e strascinato poi il di lei tronco, e infisso ad un'asta il di lei capo reciso, e portato attorno come trofeo.

SONETTO XIII.
16 SETTEMBRE 1792 IN ATH

X. Ἡ ζελωνὸν εἶναι δε τὸ λεγομενόν, ἤ τερπνόν·
ὁ δε τῆς ἐκτὸς τούτον συμφορᾶς πλεονασμὸς,
μετά τινος ὀχλήοεως ἔτι τελείται,
μάλιϛα τῳ τῆς ἰϛορίας γένει.
POLIBIO, lib. XV, cap. 36.

O imitabili esser debbono le cose narrate, o dilettevoli;
ma l'affastellare accidenti privi di questi due pregi,
genera, principalmente nella storia, fastidio.

La Storia no (che Storia unqua non ebbe,
Nè l'avrà, nè la merta, un popol pravo,
Noto or ben due mill'anni, e ognora schiavo
Tal, che neppur la Servitù gl'increbbe)

La Storia no, ma il Gazzettier s'avrebbe
Dura impresa in narrar, come l'ignavo
Gallico gregge, in maschera di Bravo,
Sottratto ai Re, la tirannia s'accrebbe.

Compra servile immanità, diretta
Da balbettanti rei Filosofisti,
Stromento fassi a ribellante setta.

Senno, ingegno, virtù, nè mai pur visti
V'erano: iniqua Dea, l'atra Vendetta
Fabbricossi ella, e disfarà, quei tristi.

SONETTO XIV.
17 settembre 1792 in Ath

Di sè parlando (che altro mai non fanno)
Osano i Galli dir: Nazïon grande.
Ove di ciò il perchè tu lor domande,
Che alleghin fatti aspetteresti l'anno.

Numerosa, dir debbono; e si spande,
Pur troppo inver di Libertade a danno,
Della genía lor garrula il malanno,
Che in bei detti avviluppa opre nefande.

Grande fu Roma; Atene grande, e Sparta;
Perchè amplissime egregie eccelse cose
Fer, con cuor grande, e supellettil'arta:

Ma cotestor, che di arroganzia han dose
Grave pur tanto, e si fan grandi in carta,
Turbe son di Pigmei fastidiose.

EPIGRAMMA IV.
28 settembre 1792 in Ath

Ogni gente in tre specie si divide,
Buoni, mezzani, e tristi.
Ma chi i Francesi ha visti
In dirli tutti d'una coincide.

Buoni, son pochi, e son buoni da nulla;
Tristi, assai, ma dappoco;
Mezzani dunque, in sempiterna culla,
Tutti son; tutti Eunuchi, o molto o poco.

EPIGRAMMA V.
19 OTTOBRE 1792 IN AUGUSTA

S'era detto finor, che tutto cresta
Erano i Galli, e questo dir non resta.
Or che il lor Capo annichilato ha sè,
Vistisi far dal Caso un popol-re,
Si son spicciati a incoronar lor creste;
E intanto van facendosi le teste.

SONETTO XV.
STESSO GIORNO, E LUOGO.

È fu il bel motto di colui, che disse[16]:
« Pria si vedrà star ritto un sacco vuoto,
Che star sul trono un Re, che il suo si frisse,
Nè più sa per danari a chi far voto. »

Luigi il Sestodecimo, che visse
Anni, ed anni d'imprestito, il fa noto:
Che non v'avria par Gallo oggi, che ardisse
Non l'obbedir, s'ei non cadea nel vuoto.

I Filosofi scalzi, e la ciurmaglia
Calpesto l'han, tosto che in terra ei stava,
Fingendo averlo vinto essi in battaglia.

Altri tiranni a quella razza prava
Or daran leggi, finchè carta vaglia:
Francia fia ognor sotto altri nomi schiava.

---

[16] Questo frizzo viene attribuito al celebre Franklin, letterato Americano, uno dei liberatori dell'America Inglese, e conservatosi libero, e puro, benchè poi stesse Ministro d'America in Francia più anni. Mi vien supposto, ch'egli dicesse anche quest'altro motto, il quale non fu allora raccolto dai Francesi con tanta venerazione quanto il primo: ed è, che i Sacchi di Presunzione e Ignoranza, potevano ancor più difficilmente star ritti, che i Sacchi vuoti.

SONETTO XVI.
20 ottobre 1792 in Kaufbeuren nella Svevia

XI.Γίγνεται τόνυν πόλις, ἐπειδὴ τυγχάνες ἡμῶν ἕχαζος
ἐκ αυτάπχης, ἀλλὰ πολλῶν ενδής.
ἤ τιν'οἴει αρχὴν ἄλλην, πόλιν οἰκίζειν;
PLATONE, Della Repub., lib. 11.

Città dunque chiamasi, ed è, dove ciascun di noi, l'un dell'altro
abbisognando, non può bastar per se stesso. Credi tu forse, altro
fondamento potersi mai porre della Città?

È Repubblica il suolo, ove divine
Leggi son base a umane Leggi, e scudo;
Ove null'uomo impunemente crudo
All'uom può farsi, e ognuno ha il suo confine:

Ove non è chi mi sgomenti, o inchine;
Ov'io 'l cuore, e la mente appien dischiudo;
Ov'io di ricco non son fatto ignudo;
Ove a ciascuno il ben di tutti è fine.

È Repubblica il suolo, ove illibati
Costumi han forza, e il giusto sol primeggia,
Nè i tristi van del pianto altrui beati. –

Sei Repubblica tu, Gallica greggia,
Che muta or servi a rei pezzenti armati,
La cui vil feccia su la tua galleggia?

SONETTO XVII.
22 ottobre 1792 in Lermos nel Tirolo

Da ch'io bevvi le prime aure di vita,
Da ch'io l'alma sfogai vergando carte,
Con lingua a un tempo vereconda, e ardita,
Posi in laudar la libertade ogn'arte.

Odo or la Gallia, in servitù marcita,
Che il danno altrui senza il suo pro sol chere;
E fatta sede di liberti, invita
A se stesse disfar, le genti intere;

E il nome stesso venerando adopra
Di Libertà, cui non conosce, e macchia
Col sozzo labbro, e la sozzissim'opra.

Quindi ognor più nel buio il ver s'immacchia;
E vien, ch'etade ognor più tarda scopra
Qual fosse il Cigno, e qual la ria Cornacchia.

SONETTO XVIII.
20 novembre 1792 in Firenze

Di Libertà maestri i Galli? Insegni[17]
Pria servaggio il Britanno, insegni pria
Umiltade l'Ispano, o codardia
L'Elvezio, o il Trace a porre in fiore i regni.

Sian dell'irto Lappon gli accenti pregni
Di Apollinea soave melodia;
Taide anzi norma alle donzelle dia
Di verginali atti pudichi, e degni.

---

[17] È uso comunissimo tra i Francesi di volere insegnare all'altre Nazioni quelle cose appunto che essi non hanno nè imparate, nè praticate; ma tosto che cominciano a balbettarne i nomi, tenendole per sapute, entrano in cattedra ad insegnarle. Così, venti anni addietro, insegnavano a tutta l'Europa l'Economia politica, nella quale poi gli abbiamo veduti sì esperti, dai fatti.

Di Libertà maestri i Galli? E a cui?
A noi fervide ardite Itale menti,
D'ogni alta cosa insegnatori altrui? –

Schiavi or siam, sì; ma schiavi almen frementi;
Non quali, o Galli, e il foste, e il siete vui;
Schiavi, al poter qual ch'ei pur sia, plaudenti.

SONETTO XIX.
14 DECEMBRE 1792

Figli di vuoto erario i nuovi Galli,
Liberi no, ma in altra foggia schiavi,
Minaccian, vili, le Papali chiavi,
Legni, e penne allestendo, armi e cavalli.

Il Padre Santo esclama: Dalli dalli,
Agli empj, ai ladri, ai miscredenti, ai pravi
Ammazza-preti, ammazza-donne ignavi,
Reprobi, e schiuma delle inferne valli.

Cantano i Galli in rauco suon: Si abbatta
Quell'Idra Santa, quella Roma, or vile,
Che in sen gl'iniqui inganna-mondo appiatta.

Ben dicon ambo in lor discorde stile
Ma pria che il Papa, annullisi la matta
Licenza atroce Gallica servile.

EPIGRAMMA VI.
16 DECEMBRE 1792

Pari all'imprese i premj ognor vorrei;
Anzi un po' più; per cinque darei sette.
Così fa il Papa, ch'ora ai suoi promette,
Ogni testa di Gallo un Agnus Dei.

SONETTO XX.
18 DECEMBRE 1792

Ferro, torchj, destrieri, inchiostro, e tede,
E tripartiti nastri, e scalzi fanti,
E in barbarica lingua balbettanti
Oratori, che al tema tolgon fede:

Tai di guerra apparecchi, a sè ben vede
Or la torbida Europa sovrastanti;
E di Gallesca libertade i pianti
Ogni contrada udirsi in sen già crede.

Trema ogni abbiente; il non abbiente esulta:
Giunto è il regno de' cenci; osa pur tutto
Tu, che temer non puoi confisca, o multa. –

Sì mostruoso rio servaggio brutto,
Che a libertà vera e sublime insulta,
Dei Semi-ingegni, e Semi-lumi è il frutto.

EPIGRAMMA VII.
29 DECEMBRE 1792

Dan battaglie i Francesi giornalmente,
E le perdano, o vincan, poco importa;
Ma ciò sol mi conforta,
(E in questo il loro Gazzettier non mente)
Che in tanta gente morta
Non mai de' Galli un UOMO ucciso viene,
Alta prova evidente,
Che a morir l'UOMO, nascer pria conviene[18].

ODE.
29 DECEMBRE 1792

Diva feroce, e torbida
Aste sanguigne, ardenti tede impugna,
In aspetto terribile
Destando Europa ad inaudita pugna.

Alteramente impavida
Ogni vel disdegnando, erge la fronte;
Ma non so quale ignobile
Atto, parmi che in volto a lei s'impronte.

Pudico a un tempo, e libero,
Qual vuolsi in Dea celeste, alto contegno
Non ha costei; nè fervido
L'intatto cor di generoso sdegno.

Ancor le braccia ha livide
Dai mal infranti, e ben mertati ferri,
E servilmente rabida
Tutti sozzi liberti a se fa sgherri.

---

[18] Molto mi dorrebbe di dovere con una nota schiaritoia stemperare quel poco sale, che forse può avere in se quest'ultimo verso. Ma pure se lettore sì ottuso vi fosse, da abbisognarne, per quello sia scritta la seguente Parafrasi: « Che chi nasce bestia non può mai morir uomo. »

Dall'Acheronte i perfidi
Sempre-desti Tiranni or lei mandaro,
Perché ai delusi popoli
Torni il prisco lor giogo indi più caro.

La ignuda plebe lurida
Spalanca intanto le digiune gole;
E insanguinata ingojasi
Ogni uom coll'esca, onde allettarla ei vuole.

Ahi ribaldi satelliti
Di ria deforme improvida Licenza,
Per voi non fia che offuschisi
Della Divina Libertà l'essenza.

Prosapia vil di Spartaco[19],
Che ad ogni legge, ad ogni aver fai guerra,
Tu verso i Bruti, e Scevoli
Tenti il volo, senz'ali, erger da terra?

Suoi doni impareggiabili
No, non comparte Libertà verace
A gente, ch'infra i vortici
Dei vizj tutti putrefatta giace.

Oh bei costumi semplici,
Là dove l'oro invan suoi strali avventa!
Là, dove i padri languidi
Pura pietade filial sostenta.

Dove a modesta vergine
Casti imenei marito amante danno;
Dove de' figli il numero
Mai non si ascrive il genitore a danno. –

Ma che? degg'io qui pingere
Sotto a Licenza le celesti doti,

---

[19] Spartaco, schiavo fazioso, che ribellando quanti potea più schiavi contro ai Romani, si fece anima, e capo d'una lunga, e disperata guerra, dai Romani liberi dignitosamente intitolata: Guerra servile.

Dentro cui sol si abbarbica
Libertà, ch'odia al par schiavi, e despòti?

SONETTO XXI.
30 DECEMBRE 1792

Qual emblema è codesto? Una Donnaccia[20]
Sfacciatamente in man tiensi una picca,
Di rosso un non so che, su vi conficca,
(Par d'un Priapo la testa) e il ciel minaccia?

Tu sei pur la ottusissima bestiaccia,
Mentre il mistico senso ogni uom ne spicca.
Quel berrettin, che costassù s'impicca
È quel che ai galeotti orna la faccia.

L'asta che in man sì ben Madonna stringe
È un bel, tornito, ingentilito, remo;
La ribellata Ciurma, in lei si pinge.

Riconoscerla debbe anco il più scemo,
Che non è questo indovinel di sfinge –
Non ha il motto. L'ha in fronte: UCCIDO, E TREMO.

---

[20] Lo stemma della nuova Repubblica è una donna quasi che nuda con i suddetti attributi. Nasce nei più anco il dubbio; perché, spogliando ella tutti, si voglia pur mostrar nuda. Ma i Repubblicani lo sciolgono dicendo, esser anco simbolica questa sua nudità: perché, per quanti ne spogli, mai non le avanza di che rivestirsi.

PROSA TERZA.
14 DECEMBRE 1792[21]

TRADUZIONE DELLE ULTIME PAROLE PRONUNZIATE DAL RE LUIGI XVI,
INNANZI LA CONVENZIONE NAZIONALE IL DÌ 11 DECEMBRE 1792

> XII. Haec dixit Dominus: Quia dimisisti Viros dignos morte de
> manu tua, erit anima tua pro anima eorum.
> III Regum, XX, 42.

> Dice il Signore: l'aver tu condonata la morte ad uomini
> che n'erano rei, e stavano nelle tue mani,
> fa sì, che la tua vita darai tu per la loro.

Nessuna umana forza per certo bastata sarebbe a trarre me vivo davanti a sì fatta
Adunanza in aspetto di reo, se la espressa volontà di manifestare i miei ultimi
sensi non superasse in me di gran lunga ogni altro qualunque riguardo.

Voi, che coi dispregianti titoli di Capeto, e di ex-Re, mi andate or nominan-
do, vi lusingaste già d'avvilirmi fin da quel giorno, in cui pretendeste di ricon-
fermarmi, coll'autorità vostra, su questo mio trono. Mi eleggevate voi Capo di
un Popolo, il quale io stesso pur dianzi spontaneamente a giusta libertà invita-
va. Che io in quel giorno mi mostrassi abbietto pur troppo, ricevendo da voi la
Corona a me già da tanti miei Avi trasmessa, nol niego; ma, che di gran lunga
più vili vi foste già voi, prima anche di conferirmela, ampiamente malgrado
vostro lo prova quella lunga, e muta obbedienza, che all'assoluta autorità de'
miei maggiori, e alla mia, avete, e voi, ed i vostri continuamente, tremando, pre-
stata.

Ancorchè io potessi pur dunque cessare da Re, per l'esser da voi vilipeso; non
cessereste da servi già voi, per l'avere ora straziato il vostro legittimo Re, nè per
avergli usurpata, e, col danno di tutti, oltre ogni limite in voi accresciuta la di
lui già troppo efficace potenza. Queste parole mie ultime proveranno, spero,
all'Europa, e al mondo, che nell'essermi io stesso con molti innocenti errori pre-
cipitato dal trono, io mi rimaneva ognora pur Re. Come altresì le vostr'opere

---

[21] Queste due date così rapprossimate, del dì 11 decembre in Parigi e del dì 14 decembre in Firenze, parran-
no forse impugnare la verità della presente versione, stante l'impossibilità quasi dell'essere sì tosto giunta in
Firenze la parlata tenuta in Parigi: ma il traduttore potea pur indovinare e sapere ciò che il Re accusato, e cita-
to, doveva aver detto.

all'universo fan prova, che voi, al seggio donde io scendo saliti, vi siete però sempre rimasti e vili e corrotti e non liberi, benchè con le pompose, e vane vostre parole vi andiate indarno pure sforzando di persuadere il contrario a voi stessi, ed agli altri.

Se al tribunale dei tanti Monarchi dell'Europa presentarmi dovessi, e rispondere; io non arrossirei pure di confessarmi colpevole d'inopportuna benignità, di debolezza, e condiscendenza soverchia, nell'epoca mia prima di regno. Ma non avendo io mai, benchè Re, disdegnata l'essenza d'uomo, e di tal cosa sommamente pregiandomi, io in questo punto, davanti al tribunale dell'Ente Supremo, al quale aspiro di unirmi; al tribunale della mia propria coscienza, da nessunissimo rimorso agitata; e finalmente davanti ai pochissimi buoni, e non contaminati, e di vera libertà meritevoli; ardisco io, sì, dichiararmi ed innocente, e candido, e retto quanto mai lo sia stato, e possa essere alcun Re della terra.

Che io poi, dall'accettata Costituzione in appresso, colpevole mi rendessi nel trasgredirla, me lo vorrebbero ora provare le moltiplici accuse, o calunnie, dalla malignità, e viltà radunate, dalla stupidità avvalorate, e dal Re neppur lette. A discolparmi non venni, nè ad accusarvi mi abbasso. La sana ragione, la libertà (se mai nasce), gli esteri popoli, e la imparziale terribile posterità, ben ampiamente faran l'uno, e l'altro.

« Il decimo sesto Lodovico, per non aver egli voluto coll'arbitraria sua potestà far uccidere in tempo alcuni pochi servi faziosi, si è lasciato da essi in breve poi togliere il regno, e la vita. Molti de' suoi Cortigiani (quanto più da esso beneficati, tanto più sconoscenti) da vili rancori di corte sospinti, celatamente a lui ribellavansi. Con la feccia poi de' ribaldi d'ogni specie si collegavano; la plebe da prima ingannata assoldavano, lusingandola di libertà, nome da essa neppur conosciuto, e da quei vili sovvertitori pessimamente interpretato, contaminandolo; e sotto un sì sacro velo la inducevano quindi ai più orridi eccessi servili. L'aver costoro saputo uccider primi, e senza risparmio alcuno di sangue, ad essi per breve tempo la tirannide procacciava, finchè altri uccidesse poi loro. L'avere il Re costantemente abborrito il sangue pur troppo, toglieva per alcun tempo il lor Seggio ai legittimi Principi ».

Eccovi, in poche ma sufficienti parole, la storia della vostra rivoluzione, qual ella si rimarrà negli annali del mondo, se luogo pur mai vi ritrova, e vi merita. Nè alcuno porrà in dubbio giammai, che un popolo, in sì fatta occasione manifestatosi gratuitamente crudele, vile e tirannico, non fosse intrinsecamente (e non meritasse di essere) un popolo servo, come altresì nessuno dubiterà mai, che un tiranno, (poichè tal mi chiamaste, da che io cessai dal comando) manifestatosi pur sempre pietoso e giusto ed umano, non fosse, o non meritasse di essere, il giusto, e legittimo Re di un popolo vero, che giusto, magnanimo e libero sapesse pur essere, o farsi.

Ma, se io fossi stato tiranno, nessun di voi certamente attentato sarebbesi tiranno chiamarmi. Ed in prova, nè all'Undecimo, nè al Quattordicesimo Lodovico, nessuno mai de' maggiori vostri ciò disse. I cangiati tempi, e la stessa efficace mia volontà, aveano addotto oggimai quell'istante, che a voi concedeva di ascendere da schiavi all'essenza di liberi Uomini; come a me, di potermi da illimitata, e soverchia, a moderata, giusta e durevole autorità innalzare. Venuto era il punto, ma non venuti eran gli uomini. Ad arbitrio vostro interissimo, non impediti voi da nessuno, vi siete andati fabbricando con la rovina di tutti un governo, che ingiusto riusciva tosto, e mostruoso, non meno che insussistente e risibile. Giurato da voi, e da me, nè voi lo adopraste, nè io. Ma, di chi fosse la colpa, coi fatti brevemente si mostri.

Voi, del pubblico disordine figli, dal pubblico disordine grandi, troppo conscii a voi stessi della insufficienza vostra al ben governare, incapaci affatto di dar savie leggi, guidati soltanto dalle private vendette; Voi, nella total distruzione d'ogni legge, ed usanza anteriore, avete stoltamente creduto dar base durevole alla nuova vostra tirannide. Abbattuta, annichilata da Voi, e proscritta del Re la persona, ed il nome; ma non abbattuta no, nè proscritta la terribile smisurata potenza del Re. Che anzi, a voi addossandola, tant'oltre con le insanguinate mani l'avete voi spinta, che ai Neroni, e Caligoli invidia fareste. Le proprietà di tutti, o incendiate, o rapite, o dimezzate, o mal certe; le persone, quali sotto un simulato manto d'inique arbitrarie leggi, imprigionate, e straziate: quali altre, con crudeltà più sfacciata, nelle proprie lor case, nelle pubbliche vie, nelle carceri stesse, e (ardirò io pronunciarlo, altri crederlo?) nei sacrosanti Templi pur anco, da vili mal compri assassini trucidate e sbranate... Che più? Imprenderei forse io a ritrarre, o ad accennare neppure, gli orrendi indelebili effetti della tuttora nascente tirannide vostra? Tremanti or qui tutti voi stessi (mentre pur me giudicar pretendete); tremanti nel cuore voi tutti non veggo fors'io, benchè in simulato contegno di stoica fortezza, la servil vostra fronte sotto l'ampio Cappello ascondiate? Ergete, ergete quegli occhi ai palchi affollati, che degnamente or v'accerchiano, e di quei vostri ivi sedenti tiranni tremate voi primi. E voi, che dai palchi minacciosamente i giudici, e i giudicati oltraggiate, all'esteriori finestre di questo teatro d'insania, e di sangue affacciatevi, e di quegli altri vostri ivi urlanti tiranni, più assai di voi numerosi, e cenciosi, tremate. E così, quelli pure a vicenda ivi tremino delle tant'altre sediziose, sfrenate, e facinorose adunanze. Ma in questa sì fatta interminabil catena di perenni tremori niun'uomo securo qui vive, nè alcun liber'uomo qui sorge, fuor ch'io. Io, sì, che dal grado eminente di Re al grado di accusato, e di proscritto scendendo, null'altro oramai che la morte bramando, e gli uomini appieno, e voi conoscendo, e me stesso, senza pur mai tremare, qui stommi.

Ma ecco, che io, senza quasi avvedermene, mi son tratto a parlare dei mezzi con cui stabilivasi questa vostra Costituzione, e degli effetti da essa prodotti; mentre io pur m'era proposto di accennare soltanto, come voi primi, voi soli, voi sempre, infranta avevate, e vilipesa questa vostr'opera. Or, che dico io? Parlando dell'una di sì fatte cose, dell'altre, e di tutte parlava. I mezzi, col quali la vostra costituzione stabilivasi, erano la violenza ed il sangue; gli effetti, da essa prodotti, erano la violenza ed il sangue; i modi con cui a vicenda secondo l'utile, e le mire vostre finor la eseguiste, erano, e sono tuttavia, nè altri esser mai potranno, se non se la violenza, ed il sangue. Ogni uomo probo, moderato, amante del retto, e dell'ordine, sotto maligni, e stolidi speciosi nomi non avete cessato pur mai di perseguitare, spogliare, atterrire ed uccidere. Ogni reissimo uomo all'incontro, carico di delitti, e d'infamia; ogni uomo di vendetta, e di morte, trovò presso voi protezione, impunità, e mercede; ed onori, direi, se cotal gente riceverne, se cotal gente donarne, potessero. Tralascio le tante altre guise in cui offendeste voi, e la costituzione, ed il popolo, e la giustizia, e l'umanità, e la ragione, ed i vostri vili interessi privati perfino. Arrogarvi le autorità tutte; i miei ministri eleggere a viva forza voi stessi; non lasciar loro nessunissimo mezzo per far eseguire le vostre medesime leggi; a capriccio vostro sforzarmi ora a scacciarli, ora a ripigliarli; insultarmi ogni giorno con pubblici fogli, e villane parole; togliermi tirannicamente, in una tumultuaria sessione notturna, quella stessa guardia, che sotto il nome di mia, da voi stessi tre mesi innanzi era stata legalmente prescritta; violare ad armata mano, per mezzo di una scurrile pagata plebe, il mio asilo (oltraggio che a niun semplice cittadino privato, da un popolo veramente libero, non si ardisce mai fare); la religione dei vostri maggiori con acerba viltà perseguitare, e deridere; ogni qualunque altro culto con finta umanità autorizzare, ed ischernire ad un tempo, per tutti in tal guisa distruggerli... E quando mai tacerei finalmente, se alla sfuggita puranco accennare soltanto volessi le insane battiture perenni, con cui, non che la sconcia vostr'opera, ma ogni idea di libero, ed assennato governo laceraste, annullaste, Voi stessi?

Resta oramai, che tra le imputazioni a me fatte pur tante, e sì false, di una sola io in viva voce mi sciolga; e non già agli occhi vostri (che appo voi l'esser reo mi è laude), ma agli occhi dell'universo, e dei posteri. Rimproverate mi vengono le manifestamente provocate uccisioni, fatte da quelle Guardie, che voi avevate destinate a custodirmi nella mia regia carcere, nell'atto di respingere una immensa plebe, che in armi, a bandiere spiegate, preceduta, fiancheggiata, e seguita da numerosissime artiglierie, vilmente veniva ad investire la Casa di un Re prigioniero. Su questo punto ora dunque, oltre il ben noto ragguaglio del fatto, ampia vittoria mi diano le vostre stesse risposte.

Perchè mi assegnavate voi delle guardie in così gran numero, con armi, ed artiglierie? A custodire me disarmato poche guardie bastavano; le molte, mi parevan dunque da voi assegnate per difendermi, o fingerlo. Ma, proseguiam le domande.

Perchè poi, con armi, e bandiere, ed artiglierie, da Voi si lasciava (o si facea, per dir meglio) venire quella innumerabile turba ad assalire la Reggia?

Qual legge può togliere all'Uomo il natural diritto della propria difesa?

In qual modo potevano due soli mila difendersi da forse ducento mila, se senza sparare si stavauo ad aspettare che una tal moltitudine li circondasse?

E per ultimo: chi diede ai soldati, che mi custodivano, l'ordine di respingere con la forza la forza? Non fu egli il *Maire* di Parigi, persona tutta vostra, e non mia? Persona che con derisoria simulazione servile, al Comandante di quelle Guardie non mie dava per iscritto, e firmato un tal ordine, e poche ore dopo, fattolo chiamare alla casa del Comune, trucidare lo facea dalla Plebe, e l'ordine datogli surripire?

Se dunque fu colpa, il dì 10 d'agosto, lo sparo delle guardie da voi destinate-mi, per ultima interrogazione vi chieggo; fu ella mia, o fu vostra lo colpa?

Ma già già il sogguardarvi voi taciti, una qualche risposta negli occhi l'un del-l'altro invan ricercando, ben ampiamente voi tutti convince, e me scolpa. Nè Uomo rimase sì stupido, che di questo a me imputato delitto, non rida.

Un'accusa, ben altra, a me verrà data dai posteri; presso cui, non solamente non liberi Voi, ma degni d'ogni più grave servaggio vi sarete appien dimostrati. E sarà quest'accusa, del non aver'io in tempo adoprata in mia legittima difesa (e per la vostra felicità ad un tempo) quella forza ben intera e ben mia, che dai non ancora violati miei cenni assolutamente allor dipendeva. E grand'errore al certo fu il mio, di essermi lasciato far prigioniero in Versaglia per sempre. Ma nè di questo errore medesimo, benchè a sì duro passo or mi tragga, io non mi penti-rò pure mai. Gran sangue faceva di mestieri versare in quel dì, per risparmiar forse il mio. Più degna prova, e più assai confacente al mio cuore, fa questa; veder, se il mio sangue versato, basterà a risparmiarne molt'altro. In me tuttavia quel Principe stesso io sento, e quel sono, che di sua spontanea volontà liberis-sima, Signore di tutti voi assoluto, da niun'altra forza costretto, se non dall'amor del ben pubblico, gli Stati Generali di questo mio regno intimava. Ed a tal fine intimavali, perchè le tre diverse classi del Popolo, con giusto equilibrio perpe-tuo, i loro diritti, e quelli del trono ad un tempo, con nuovo ripartimento ret-tificati, consolidassero. Indistruggibile reciprocità di diritti, unica base perenne, e sola cagione della verace libertà di ciascuno, come della massima sicurezza, e prosperità dello Stato.

Le violenze dunque ed il sangue, da me costantemente abborriti, alle violen-ze, ed al sangue, ed alla propria total rovina (pur troppo) han condotto quest'in-felice mio Popolo. Infelice egli, sì, più di me, mille volte. Che io, giusto in me stesso e sicuro, una indegna, e non meritata morte antepongo pur sempre all'avere, od ingiustamente anco un solo innocente, o con arbitrarj mezzi un sol reo colla dovuta morte punito.

Non so, dopo me, qual trattamento, o supplizio alla Regina mia Consorte, e ai miei Figli, dalla instancabile vostra crudeltà si prepari. Certo, se potessero a un Re non disdirsi le lagrime, e i prieghi, io ben potrei piangere sul loro infelice destino, io forse anche ai preghi potrei abbassarmi, per essi. Ma, e che potreste loro Voi togliere? E che potreste a lor mai donar Voi? Una miserissima vita, di pianto intessuta e d'obbrobrio. Più alto, più utile, e più generoso fia il dono che ad essi ben posso pur anco far io: con il sublime mio esempio, alla Consorte, ed ai Figli insegnare a regalmente da forti morire.

Su dunque; e nel Re vostro da prima, e nella sua intera innocente famiglia dappoi, su via, il cenno date voi tosto ai carnefici vostri pur tanti, di coraggiosamente infierire.

Onnipotente Iddio, tu che queste parole mie ultime ascolti; e il cuore, che le mi detta, fin nel più intimo vedi; deh, vogli tu con la tua mano sovrana operare, che il nostro innocentissimo Sangue alla costoro tirannide venga a dar fine, ed alla nuova felicità della Francia cominciamento.

SONETTO XXII.
14 FEBBRAIO 1793

XIII. Cupide conculcatur nimis ante metutum.
LUCRET., lib. V, vers. 1139.

Ciò ch'essi a dismisura temean pria,
A dismisura essi il calpestan poscia.

D'immensa piazza in mezzo (oimè!) torreggia,
Sacro a morte e vendetta, un palco fero
Intorno intorno atroce messe ondeggia
D'aste ferrate, onde han Liberti impero;

Di contro appunto alla già un dì sua Reggia
Ecco salirvi impavido, ed altero
In sua Innocenza un Re, che all'empia greggia
De' schiavi suoi perdon concede intero.

Universal, mortifero, tremendo
Silenzio piomba entro le attonite alme...
Deh, ch'io non vegga l'assassinio orrendo!

Ma al batter già delle servili palme,
Consunto appien l'atro misfatto intendo.
Or tutte hai, Gallia, di viltà le palme.

EPIGRAMMA VIII.
28 MARZO 1793

XIV. Διὰ τὸ πλείυυς εἶνας τοὺς καχέκτας, τῶν εὐνόρων.
POLIBIO, lib. 22, cap. 3.

Dall'essere i rompicolli più assai, che non gli assestati.

Tutto fanno, e nulla sanno;
Tutto sanno, e nulla fanno:
Gira, volta, e' son Francesi;
Più li pesi,
Men ti danno.

EPIGRAMMA IX.
29 MARZO 1793

Schiavi spregiare, ed abborrir Tiranni,
Tal fu ognor la mia sola alta scienza;
Schiavi in Gallia, e Tiranni, altro non veggio;
Nessun me dunque or danni,
Se ai Numi io sferza a un tempo, e fulmin chieggio
Contro i vili empj aborti di licenza.

EPIGRAMMA X.
30 MARZO 1793

Fra i dentro-stanti, e i fuor-usciti Galli
La differenza ho a dire?
Questi non san morire;
Viver quelli non sanno: a barattalli,
Non ci corre un quattrino ogni sei lire.

SONETTO XXIII.
16 APRILE 1793

Ventitrè milioni di pidocchi
Fan farsi una Repubblica di carta,
Che nel Reame immenso degli sciocchi
Vien battezzata tosto un'altra Sparta.

Settecento e più gazzere senz'occhi
Fan leggi, notte e dì; Ragion le scarta;
Ma s'uom v'ha, ch'anzi a lor non s'inginocchi,
Di Libertade a gloria, altri lo squarta.

Di gamberi fierissime migliaja
Battagliano in tremende ritirate,
Per custodire la materna ovaja[22].

O Repubblica, nata in una state,
Che ai se' mesi già, caschi di vecchiaja,
La regina sarai delle cacate.

EPIGRAMMA XI.
30 MAGGIO 1793

Gli Angli dichiaran Payn sedizïoso[23];
Legislator fra i Galli è proclamato:
Disparer non ci veggo. Anzi più assai
L'Angli co' Galli concordar bramoso,
Nel riconoscer Payn per Deputato
Del Concistoro Gallico cencioso,
(Profetizzando il ver, s'ei lo fu mai)
L'ha in effigie per tatto già impiccato.

---

[22] Allude alla battaglia di Nerwinden, che è la sola vera giornata campale ordinata della presente guerra, ed in questa i Francesi, inferiori di molto nell' arte schietta militare, furono, come dovean essere, interamente disfatti, e in pochi giorni venne loro poi tolta tutta la Fiandra, che gli Austriaci aveano dianzi evacuata, senza pure essere stati veramente sconfitti in nessuna battaglia, che si meritasse un tal nome.

[23] Payne Inglese, Plebeo fazioso, e macchiato, che scrisse alcuni libri ignoranti, e sediziosi; eletto perciò dai Francesi per un dei lor Deputati.

SONETTO XXIV.
20 AGOSTO 1793

> XV. εἰ δε τοῦ χρόνουΠροσθεν θανοῦμαι,
> κέρδος αὔτ'ἐγὼ λέγω.
> SOFOCLE, Antigone, vers. 471.

> Innanzi tempo il mio morir mi fora
> Mero guadagno.

Orrido carcer fetido, che stanza
Degna è fra' Galli al malfattor più infante,
Schiude il ferreo stridente aspro serrame,
E Donna entro vi appar d'alta sembianza.

D'innocenza la nobile baldanza
Schernir le fa l'empie servili trame;
Regina sempre; è trono a lei lo strame,
Su cui giacente ogni uom più forte avanza.

Tremar veggo ivi i pallidi custodi;
E tremare i carnefici, che il segno
Stanno aspettando dai tremanti Erodi.

Vedova, e Madre straziata, pregno
Di morte il cor, del tuo morir tu godi,
Donna, il cui minor danno è il tolto Regno.

EPIGRAMMA XII.
22 OTTOBRE 1793

Luigi il sesto decimo, fu buono
Tanto, ch'ei ne perdea la vita, e il trono.
Non si tengono, è ver, Galli a stecchetto
Da Signor che non spoglia, e nerba, e uccide,
Ma un Re che sia Carnefice di getto
Dei Galli ride.

EPIGRAMMA XIII.
27 OTTOBRE 1793

Galli, o calzoni, o non calzoni abbiate[24],
Tutti a un modo ammorbate:
E ognun crede, in vedervi
Garruli, atroci, empj, arroganti ,servi,
Che finor ben ben liberi non siate.

SONETTO XXV.
12 LUGLIO 1794

Anco l'Asia tremar già fean gli schiavi
Di Maometto stupidi, e feroci;
Barbari, all'ombra di mentite voci,
Spegnendo i buoni, e sollevando i pravi.

Tali i Galli vediam (già servi ignavi)
Fatti ora servi audacemente atroci[25],
Tutte di sangue abbeverar le foci,
Solo ai pessimi usando atti soavi.

Ma, veri alti fanatici avvampanti,
Ivan spontanei gli Arabi a lor sorte,
E la vittoria, e il Ciel vedeansi avanti.

Stan la fame, e le scuri, e le ritorte
Dietro ai Gallici eserciti ondeggianti,
Che spesso han palma dal timor di morte.

---

[24] Allude alle due denominazioni datesi fra loro, di mascalzoni ai Democratici, o sia cenciosi, e di Be' Calzoni ai Realisti.

[25] Accenna la seconda invasione fatta in tutto il Belgio dai Francesi nel Maggio, e Giugno del 1794; la quale riuscì loro, perdendo due o tre giornate consecutive, e mandando sempre innanzi altri nuovi schiavi in vece degli uccisi, supplemento che mancava agli Austriaci.

SONETTO XXVI.
18 LUGLIO 1794

XVI. Χρή δέ σιγᾶν, μή μόνον τῇ γλωττῃ,
πολή δε μᾶλλουτῇ ψυχῇ.
POLIBIO, lib. IX, cap. 18.

Ed è forza il tacersi, non pur con la lingua,
ma vieppiù assai con l'animo

La militar tirannide Romana
Ch'oltre ogni Re fa i Cesari nefandi,
E quella dei Decemviri esecrandi,
Cui seppe il fier Virginio alfin far vana;

E la pretesta nostra Itala, e Ispana,
Dei mostri inquisitori abominandi;
E quella dei Tedeschi, e Russi brandi,
Che con un *voglio* ogni ragione appiana;

E quant'altre fur mai, sono, e saranno
Pria che davver la servitù rincresca
All'uomo, illuminato dal suo danno:

Un fior son tutte, una piacevol tresca
Da far gola, ed invidia a quei che stanno
Godendo in Gallia libertà Francesca.

PROSA QUARTA.
23 LUGLIO 1794

D̲IALOGO FRA UN UOMO LIBERO ED UN LIBERTO.

> XVII. Ῥάδιον μὲν γὰρ πόλιν σεί-
> σαι, καὶ αφαυροτέροις· αλλ'ἐπὶ
> χέρας ἄυθις ἔσσαι, δυσπα ἐς
> δή γίνεται ἐξαπίνας
> εἰ μὴ θεὸς ἀγεμόνεσσι κυβερ
> νατὴρ γένητας.
> PINDARO, Pizie, Ode IV, verso 484.

> Sovvertir la Città può il vil, può il rio;
> Ma ritornarla in fiore
> Sol può il valore
> Dei grandi veri a cui sia scorta un Dio.

LIBERTO: Benchè io non ti vedessi mai a' miei dì, pure il tuo aspetto leale, ed il tuo maschio contegno mi svelano in te, a bella prima, un Uomo Libero.

LIBERO: Mi pregio infatti di esserlo, e d'inclinazione, e di nascita.

LIBERTO: Nasci tu forse nell'America Inglese?

LIBERO: Sì, per l'appunto; e fin dai primi miei anni io militai per la patria; ed ebbi alfine l'inesplicabile consolazione di vedervi e confermare e ampliare quella libertà primitiva, sotto i di cui auspicj erano state fondate le nostre colonie, ma in appresso poi dal governo Britannico ingiustamente oltraggiata.

LIBERTO: Voi li dovete dunque veramente abborrire cotesti Inglesi.

LIBERO: L'uomo libero non abborrsce che la tirannide, e il vizio. E, somma fatta, gl'Inglesi rimangono pur tuttavia il più libero, e il men corrotto popolo dell'Europa.

LIBERTO: Io ti credei ben piuttosto venuto dalla Luna, che non dall'America.

Non lo sai dunque tu, che non c'è più oramai nessun altro popolo in Europa, che noi?

LIBERO: Voi, cioè i Francesi? Siccome io non leggo mai fogli pubblici, perchè non ho tempo da perdere, il tuo dire mi giunge nuovissimo, e non ho saputo mai, che voi foste un Popolo.

LIBERTO: Come? mentre il globo tutto rimbomba, e trema delle nostre vittorie, e, conquiste, tu ignori che i Francesi si son fatti un vero, e gran Popolo?

LIBERO: Io sapeva, che i Francesi, sudditi di un Re assoluto di fatto, prestavano opportunissimi aiuti alla mia patria, per toglierne la proprietà agl'Inglesi. Ed io, a dirti il vero, arrossiva in me stesso, (e così faceano moltissimi altri Americani) nel pensare, che gli schiavi di un Re assoluto dovessero servirci di strumento di libertà contro una madre patria, ingiusta è vero per noi, ma pure libera anch'essa.

LIBERTO: Tu vedi oggi finalmente il buon frutto, che noi raccogliamo da quei nostri soccorsi prestativi. L'albero della Libertà, da noi traspiantato in Europa, sotto le industriose, e instancabili nostre mani alligna e trionfa. Noi non abbiamo più Re; ed i Re che rimangono ancora in Europa, tutti già già vacillanti e sconfitti da noi, per breve tempo rimangono.

LIBERO: Ma tu mi narri delle favole mere. Come osi tu dirmi, che voi non avete più Re? Io non so vedere in questa infelicissima terra nessuna cosa che non mi provi ampiamente la più assoluta e illimitata e insopportabile *regnatura*. Anzi, nello sbarcare io giorni sono in quel vostro porto dell'*Oriente*, la prima idea che mi destò quivi ogni qualunque cosa ch'io vedessi, od udissi, fu che voi obbedivate ad un Re frescamente impazzato.

LIBERTO: Oh stolto! e non vedevi tu nei volti tutti dei nostri cittadini la indipendenza e la libertà? non ne udivi tu ad ogni passo echeggiare i bei nomi tra le feroci grida del Popolo?

LIBERO: Io scorgeva nei volti di tutti, insolenza moltissima, ed una visibile ferocia negli urli, ferivami; ma nè un sol contegno di liber'Uomo vedendo, io queste cose tutte a voi le credeva così comandate da un Re.

LIBERTO: Tu sai d'imbecille davvero. Un Re, lascia egli mai pronunziare neppure il semplice nome di libertà?

LIBERO: Ma un popolo libero è egli mai insolente, sanguinario, ed ingiusto?

LIBERTO: Tu dunque ardisci insultare i Francesi?

LIBERO: E tu insultare la libertà, nominandola?

LIBERTO: Or via, amichevolmente parliamo. Tu uni sembri pur meritare d'essere disingannato: ed io ti voglio palpabilmente provare, che il male che tu vedi fra noi, è passeggiero soltanto; ma che il bene, che ne de' nascere, sarà immenso, ed eterno.

LIBERO: Convincimi pure, se il puoi, con i detti; io ti convincerò poi dopo, coi fatti.

LIBERTO: Ascoltami, e taci. Di un Popolo corrotto e marcito nella mollezza e il servaggio, ell'era cosa impossibile affatto il crearne un popolo libero e d'alti sensi, se non si mettea mano al ferro, per estirparne i tanti membri insanabili: se non si *organizzava un terror permanente* per spaventare i dubbiosi, risolvere gl'irrisoluti, elettrizzare gli stupidi, e vieppiù inferocire gli ardenti, dai quali soltanto le memorabili e sublimi mutazioni promuover si possono, e consolidare. Tutti dunque coloro, che direttamente o indirettamente dalla potenza illimitata traevano o lustro o potenza o ricchezze, nemici necessarj d'ogni nuova potestà, si dovevano o convertire, o distruggere. Il convertirli riusciva impossibile, o lungo, o dubbio partito; lo spegnerli, era utile, e certo. Noi quindi costretti dalla imperante necessità dei frangenti, anzi che veder tronca a mezzo la nostra magnanima impresa, abbiam dato nelle proprietà, e nel sangue di quei tanti nemici nati del nostro sistema; ed abbiamo in tal modo assodate le basi della libertà, e dell'eguaglianza.

LIBERO: Ma voi, fabbricatori (a creder vostro) di quest'alto sistema, chi eravate voi fino a dianzi? di qual classe nell'ordine sociale? Che avevate voi fatto prima dell'anno 1789? di qual arte vissuti. con chi praticato? donde attinto i principj di vera libertà? come conosciutala, e meritata? come speratala? con quai mezzi intrapresane la promulgazione e il trionfo?

LIBERTO: Troppi quesiti mi accumuli in uno, perchè io in un fiato a tutti rispondati. Al primo appigliandomi intanto, ti afferro, e ti dico: che tu dalla Spagna, piuttosto che dall'America Inglese, uscito mi sembri. Puoi tu seriamente interrogare un uomo libero, di qual classe foss'egli nell'ordin sociale? Chi conosce i Diritti dell'Uomo, conosce egli mai queste stolide distinzioni?

LIBERO: E questa tua stessa risposta al mio mal inteso quesito, già ben ti svela, e condanna, come non-Uomo, o non-Libero. Ti ho io forse (nel dir di qual classe) richiesto, se tu eri Patrizio, o Plebeo? L'averla tu intesa così, manifesta che poco tu intendi. Io ti ho chiesto, e ti chiedo; se tra le quattro classi inseparabili da ogni qualunque adunanza d'Enti umani, Voi eravate de' buoni, o de' rei; degli stupidi, o degli ingegnosi.

LIBERTO: Educati noi quanto i nobili, e meglio, avevamo e la cultura ed i lumi che provengono dal trattare, vedere e conoscer coloro, che reggono gli uomini; ma non ne avevamo l'orgoglio, non la viltà, non la scostumatezza. Nati noi all'incontro di poco superiori ai plebei, senza averne nè la rozzezza, nè l'abbiezione, avevamo ne' cuori nostri scolpito quell'odio, e disdegno pe' Grandi, che dai liberi, e robusti petti si nutre contro la prepotenza.

LIBERO: Cioè (dirò io, commentando) collocati voi fra i servitori, e i padroni, da questi cercando e da quelli tenendo, le brutture avevate d'entrambi. Ma oramai senza punto traviarti dalle mie semplici, e incalzanti domande, rispondimi tu chiaramente, ed informami; se voi, principali innovatori, eravate in questo regno in aspetto di puri, o macchiati; se illuminati e dotti davvero, o presuntuosi e infarinati soltanto; se liberi, in una parola, o liberti? – Ma che. non rispondi? – Già pienamente t'ho inteso; troppo mi hai detto tacendo. Io pure proseguir voglio, e domandoti. Chi eri tu, fa quattr'anni? Di quali entrate, o di qual arte campavi?

LIBERTO: Avvocato...

LIBERO: Ohimè! basta. Tu dunque vendevi e parole, e opinioni, e te stesso, a chi più ti pagava. Ma sei tu almeno dei reputati, e valenti in codesta arte fallace?

LIBERTO: La gelosia e l'invidia de' miei confratelli, aggiunte agl'infami raggiri del passato assoluto Governo, mi suscitarono delle persecuzioni iniquissime, per cui mi venne intercetta e la fama e il guadagno, che ai miei non scarsi talenti doveansi.

LIBERO: Spogliando io dunque d'ogni orpello il tuo dire, dalle tue stesse parole ricavo, che povero tu vivevi, ed oscuro: aggiungo io quindi, e scontento; e, concedendolo i tempi, perturbatore, e vendicativo, e prepotente ed impuro; ed in una parola, Liberto. E questi pregj tuoi tutti negheresti tu invano; che il vostro operare finora dimostra, ed a me ed a tutti, che, dai molti tuoi simili è stata in quelle infelici contrade contaminata la sacra causa della Libertà, la quale

certamente infra sì fatte lordure non nasce. Accusami dunque, se il vuoi, a qual
più ti piace dei tanti vostri infami tribunali di sangue, e servaggio, che a prigio-
nia mi condanni, ed a morte. Ogni pena mi riuscirà minore, e d'assai, della
fastidiosissima pena di vivere in mezzo a schiavi malnati, che ardiscono assumer
la maschera di liberi nomini.

EPIGRAMMA XIV.
11 OTTOBRE 1794

Fra Re signori e Re villani, corre
Diversità non lieve,
Benchè un flagel di Dio, perenne, e greve,
Sien gli uni e gli altri, e vivano del torre.
Chi, nato in trono, non conobbe uguali,
Spesso è il minor di tutti,
Ma il peggior, no; perchè dai vizj brutti
Lo esenta in parte il non aver rivali.
Ma chi povero, oscuro e vil si nacque,
S'ei mai possanza afferra,
La lunga rabbia che repressa tacque,
Fa che a tutti i dappiù muova aspra guerra.
Allor la invidia e crudeltà Plebea,
De' Grandi l'arroganza,
Immedesmate entro una pianta rea,
Forman lo scettro orribile di ferro
D'un Re, che in capo ha il pazzo, in cor lo sgherro.

SONETTO XXVII.
1 NOVEMBRE 1794

Là, dove Italia borëal diventa,
E dai prossimi Galli imbarbarita,
Coll'*ú*, coll'*eú*, coll'au, coll'*óu*, spaventa
Ogni orecchia di Tosche aure nutrita,

Là nacqui, e duolmen forse; e a me il rammenta
La mia lingua al bel dire intirizzita,
L'illegittima frase scarsa, e spenta
D'ogni lepor, d'ogni eleganza ardita.

Ahi fiacca Italia, d'indolenza ostello,
Cui niegan corpo i membri troppi, e sparti,
Sorda e muta ti stai ritrosa al bello?

Da' tuoi gerghi, e dal Gallico, ti parti[26];
Al tornar Una, il primo vol fia quello;
Seguiran tosto vere alte bell'arti.

SONETTO XXVIII.
18 DICEMBRE 1794

Del Popol piaga, e non del Popol parte,
La Plebe Ell'è: che viziosa, ignuda,
Tremante, serva, e servilmente cruda,
Le corrotte cittadi ingombra e parte.

Fera, volubil, stupida, in altr'arte,
Che bramar tutto, e nulla oprar, non suda:
Sempre anelante, ch'argine si schiuda
Onde inondando possa ella ingojarte.

Popolo siam noi soli, a cui l'artiglio
D'immondi bruti la ragion troncava;
Noi, fatti dotti dal comun periglio. –

A freno, a fren, la insana greggia ignava:
Pane, e Giustizia, e inesorabil ciglio,
In uom la cangi; o la perpetui schiava.

---

[26] Per mancanza di vero amor proprio, le diverse Provincie d'Italia si ostinano a parlare il dialetto Calabrese, Veneziano, Genovese, Bolognese, Piemontese, Romagnuolo ecc. E così pure, per mancanza totale di alti sensi, di memore, e risentito animo, e di conoscenza, e stima del valore della propria vera lor lingua scrivibile, si avviliscono essi ad imparare, e balbettare la bruttissima lingua d'un bruttissimo popolo.

SONETTO XXIX.
8 GENNAIO 1795

Pregio mi fo di quattro cose, e grado
Ne so non lieve al donator Destino,
Ch'oltre il dovere a favorirmi inchino,
Fa sì che ignoto in mandria vil non vado.

Fummi, il non nascer plebe, il don men rado
Terzo estimo il non nascer Parigino;
Poi vien, l'avere in me spirto Latino,
Bench'io nato in servile immondo guado:

Ma il don, ch'io pongo d'ogni dono in cima,
la scintilla di Apollineo raggio,
Che il cor m'invade, e innalza, ed arde, e lima.

S'io di plebe, o di Gallia, o di servaggio
Figlio era sozzo, in prosa io mai, nè in rima
Dar non potea di me niun alto saggio[27].

SONETTO XXX.
12 GENNAIO 1795

Tra i Galli schiavi, e in schiavitù gaudenti,
Molti anni io stava, e carmi assai scrivea,
Costretto ognor dalla feroce Dea,
Libertà, fonte in me di caldi accenti.

Ecco, ch'a un tratto a balbettar sorgenti
Una qualche non lor libera idea
Quei profumati barbari io vedea,
Rapina, e sangue, e tirannia volgenti.

---

[27] Cioè: se io nasceva plebeo, avrei scritto o adulatoriamente, o insolentemente sui grandi, come timido, od invidioso. Se io nasceva schiavo nell'animo, avrei scritto come un Francese. Se io nasceva Francese, avrei scritto come uno schiavo. E se Apollo finalmente di alcuno suo raggio non mi graziava, non avrei scritto nè pure il *Misogallo*.

Ma che perciò? Liberi i Galli, od io
Vil servo son, perchè in augusto tema
Non l'oprar lor, ma il dir, consuona al mio?

Liberto, il vol d'uom libero non prema:
Io comprai libertà, donando il mio;
L'altrui furando, i servi ebber diadema[28].

SONETTO XXXI.
30 GENNAIO 1795

Mono-aspri-vili-sillabi nasali
Sono il corredo di quel gergo rio,
Cui del cannone al suon trar dall'oblio
Sforzansi i Galli, a Grecia invan rivali.

Stolti, tacciando di sesquipedali
Le altrui voci rotonde, il falso brio
Delle affollate antitesi fan Dio,
E ne intesson lor rime androginali.

Tai Prosacce appajate, ei chiaman *chant*,
Voce, che urlanti fa fuggire i *chiens*,
Pria che narri il cantore l'*argument*.

A spaventar Pirene, e l'Alpi, e il *Rhin*
Più che lor armi assai, fia *suffisant*
Di un qualche Gallo vate un sol *quatrain*[29].

---

[28] E perciò essendo stata riconosciuta già da molte Potenze la nuova Repubblica Francese, e trattandosi di denominarla essa pure con un titolo Aulo-politico, si è convenuto segretamente, che come si dice la Porta Ottomana, i Gabinetti dei Principi, le due Camere d'Inghilterra; così d'ora innanzi diplomaticamente dirassi, le due Anticamere Francesi.

[29] La sola ortografica analisi di questa schifosa parola, che dee voler dire quartina, è più che bastante a definire la stupida barbarie di questo muto gergo. Scrivono quatrain per pronunziare Catrén, ma con la ? nasalissima Ebraica.

SONETTO XXXII.
31 GENNAIO 1795

Gracchiare il dolce usignoletto apprenda,
L'ape a muggire, o ignobil raglio il cigno;
La marra Achille, od altro abbietto ordigno
Tratti, onde altrui risibile si renda:

Venali fogli ebdomadalj imprenda
L'alto Cantor di quest'Eroe ferrigno
Men turpe ciò, ch'uom Tosco, udir benigno
Gli urli dei Galli, e ch'a impararli intenda.

Di scabro bronzo soppannar l'udito,
La lingua armar di sozzo ottuso ferro,
Per poi macchiar l'almo sermone avito? –

Tuoi Toschi a trarre di sì stolid'erro[30],
Febo, aiutami, o tu; s'io pur gradito
Vate indefesso all'are tue mi atterro.

SONETTO XXXIII.
1 FEBBRAIO 1795

L'Attica, il Lazio, indi l'Etruria, diero
In lor varie flessibili favelle
Prove a migliaja, ch'ogni cosa è in elle,
E il forte, e il dolce, e il maestoso, e il vero.

Tarde poi, sotto ammanto ispido fero,
Sorser l'altre Europee genti novelle,
Stridendo in rime a inerme orecchio felle,
E inceppate in pedestre sermon mero.

---

[30] I Greci, ancorchè conquistati dalle armi, e non dalle chiacchiere, nè dagl'inganni, dei Romani, non impararono già per tutto ciò la lingua latina; ma bensì i Romani la greca. Chi non si sente, merita calci, e riceveli a maraviglia; ma chi si risente, li restituisce al doppio.

Ciò, disser, carmi; e chi 'l credea, n'è degno.
Nè bastò; ch'essi, audacemente inetti,
Osaro anco schernir l'Italo ingegno.

Di tai loro barbarici bei detti
Vendicator, d'ira laudevol pregno,
Giungo, securo dall'averli io letti[31].

SONETTO XXXIV.
2 FEBBRAIO 1795

Finchè turbo di guerra orrìdo stride,
(Guerra inegual, che i pravi ignudi molti
Muovono ai pochi pingui umani, e stolti)
Chi ha cuore, e pane, e senno, in ver non ride.

Vil scelleranza, a cui licenza arride,
Tutto l'altrui fa suo; gli schiavi ha sciolti;
Liberi, e buoni in duri ceppi ha colti;
Odia i Tiranni, e Libertade uccide:

Sospende sovra ogni non empia testa
Infra scherni servili, a debil crine
La stanca scure, e di troncar non resta. –

Non torran perciò a me Libero il fine,
Nè i Re plebei, sozza genìa funesta,
Nè i veri Re, nè le infernali Erine[32].

---

[31] E, leggendoli, (aggiungi) trovatili tali, da non mi far paura nessuna; che se i loro Epigrammatisti hanno pure per intero i trentadue denti, io me ne sento in bocca sessantaquattro tutti frementi, senza però emettere mordendo una voce canina come la loro.

[32] Ella è veramente tra tutte le impudenze la più stupida, quella di costoro; che, obbedendo, e tremando, e servendo ad un *Robespierre*, ardiscono parlar di tirannide, e promulgare l'odio contro i tiranni: e si vede, che tanto conoscono i nomi, quanto le cose.

SONETTO XXXV.
6 FEBBRAIO 1795

D'ispido turpe verro aspro grugnito
Orribilmente mordemi l'orecchio,
In fra Pinti, e San Gallo, ov'io da vecchio[33]
Cercando il Sol passeggio intirizzito.

Pure, a turarmi il flagellato udito
Io qui molto men ratto mi apparecchio,
Di quel ch'io fea con cera, o con capecchio
Quando fra i Galli stavami assordito.

Di strette nari uscente un muto urlìo
Mi perseguìa per tutto a Senna in riva,
Laudare udissi o bestemmiare Iddio.

Chiesa, e teatro, ed assemblea feriva
Spietatamente il miglior senso mio,
Sì che il dì mille volte io là moriva. –

 Deh, tu, d'Averno Diva,
Fammi udir poi nel lagrimevol Orco,
Pria che Galla Sirena, Etrusco porco!

EPIGRAMMA XV.
14 FEBBRAIO 1795

Ch'eran pria schiavi i Galli, il dicon essi;
Ch'ora il son più, lor tristo oprar cel dice:
Che il saran sempre, dubitar non dessi,
Poichè il passato l'avvenir predice.

---

[33] Pinti, e san Gallo, sono due porte di Firenze verso tramontana. A quella di Pinti si pesano i maJali vivi, che con urli orribili si mostrano recalcitranti al pagare l'introito loro al Principe, ed in questo assai men docili, e di più libero animo, i porci, che non sono i Francesi; poichè questi, senza dir molto, pagano alla loro Convenzione, ed imposizioni tiranniche, ed impresiti sforzati, ed ogni loro avere, ad arbitrio assoluto del Sovrano, che non perde neppure il tempo a pesarli.

EPIGRAMMA XVI.
STESSO GIORNO, ED ANNO

Maschie a vicenda e femmine lor rime
Usano i Galli, e ognuna ha il suo marito.
Ritrovato sublime,
Per cui sempre han lor carme ermafrodito.

SONETTO XXXVI.
20 FEBBRAIO 1795

L'Uom, che minor d'altr'Uom si estima, è spesso,
(Mercè sua fiacca opinïon fallace)
Non che ad altrui, minore anco a se stesso,
E, inerte vela, senza vento ei giace.

Ma chi il contrario inverecondo eccesso,
Figlio di stolta ebra impotenza audace,
Spinge a stimarsi, con dileggio espresso
D'ogni altro; a ogni altro quegli, in ver, soggiace.

In tai due estremi, due vicine genti
Stanno, gl'Itali, e i Galli: ambo son poco,
Nulla quei, tutto questi in sè veggenti.

Pur ridestarsi può divino fuoco
In quelle, ov'arse un dì, robuste menti
Non mai destarsi, ove impudenza è giuoco.

EPIGRAMMA XVII.
25 FEBBRAIO 1795

Fantoccini son sempre i Galli stati:
Fantoccini eran dianzi incipriati;
Fantoccini or fetenti insanguinati.

EPIGRAMMA XVIII.
27 FEBBRAIO 1795

Imberrettando le fittizie teste
Di un rosso cencio, è ver, Galli miei buoni,
Che parer liberi uomini credeste'
Arlecchin crede anch'ei, che si traveste,
Benchè pur mostri ognor dappiè i calzoni.
Nol crediate, che il giunger creste a creste
Vi possa, o Galli, far parer Leoni.

EPIGRAMMA XIX.
29 FEBBRAIO 1795

Monarcheschi i Franceschi in cor ben tutti,
Cucinato han Repubblica sì pia,
Che i bei digiuni, non di sangue asciutti,
Fien tornagusto della Monarchia.

SONETTO XXXVII.
9 MARZO 1795

Molta è la Gallia, e popolosa, ed una;
L'altre Europee contrade, o assai men vaste,
O spezzate, o dei Galli anco più guaste,
Non le potrian dar leggi in guisa niuna.

Nè il molti-lingue esercito, che aduna
Sconnessa Lega, a tanto fia ch'or baste;
Poichè oppon sette pur contro dieci aste,
D'arte, di senno, e di furor digiuna.

Ma, benchè i Galli, dell'altrui non-forza

Forti, ora colgan la caduta palma,
Schiavi son doppj in lor novella scorza.

Spogliati, spoglian; ma lor trista salma
In morte sol suoi patimenti ammorza;
Liberi il dì, che ad essi tolta è l'alma.

EPIGRAMMA XX.
17 MARZO 1795

Molto oprar, poco dir, nulla vantarsi,
Base son di chi vuol libero farsi.
Ma i Galli, a cui ne' piedi sta il cervello,
Tardetti al fare, e presti a insuperbirsi,
Fan base il capitello,
Paghi appien dell'osar liberi dirsi.

EPIGRAMMA XXI.
28 MARZO 1795

Farsi liberi i Galli, ell'è un'impresa
Cui solo un nostro antico Gallicismo
(Matricolato già per toscanismo)
Può scolpir, battezzandola: Mispresa[34].

---

34 *Mispresa*, da misprendere, voce antiquata, che significa far errore, ed è la pretta voce francese *Méprise*: e questa dicesi, che fosse inventata dai loro antichissimi Druidi, che in un certo Oracolo se ne servirono per definire misteriosamente la Dea, che avea propagata la specie umana nelle Gallie. Le Nazioni meno ingegnose la chiamarono Natura. I Druidi risposero dalla loro cortina, che la mamma dei Galli dovea chiamarsi *Méprise*.

EPIGRAMMA XXII.
30 SETTEMBRE 1795

> XVIII. Di gloria un'ombra vana
> In Roma è il solo affetto;
> Ma l'alma mia Romana,
> Lode agli Dei, non è.
> Metastasio, Attilio Regolo, Atto III, Sc. VIII.

Poichè ben bene consigliate s'ebbero
Le Italiche Frazioni;
L'armi, l'onor, la spesa a lor sì increbbero,
Che, da Cristiani buoni
A man giunte rivolti al Cielo gli occhi
Orarono;
E impetrarono,
Che omai da' Galli si difenderebbero
(Cioè dai ladri eserciti pitocchi),
Con curve spalle e flessili ginocchi.

EPIGRAMMA XXIII.
STESSO DÌ

> XIX. Haeo fierent, si testiculi vena ulla paterni
> Viveret in nobis.
> PERSIO, Sat., I, v. 103.

> Saria ciò mai, se del paterno sperme
> Pure una goccia in Noi vivesse ?

Si sta, si sta pensando
A un'Italica lega,
E conchiusa fia in tempo, allor poi quando
Beran di Trebbia, e Panaro i Francesi.
Già il soprano comando
A pieni voti Italia subdelèga

E già si sta affibbiando
La gran corazza il General Marchesi[35].
Forse non dan gl'Italici Narseti[36]
Giusto il peso dei Gallici Taleti[37]?

EPIGRAMMA XXIV.
31 OTTOBRE 1795

La testa e il capo, o sien due cose od una,
Certo in fra' Galli son cosa nessuna.
Del capo non fan uso:
Delle lor teste, fa la scure abuso.

EPIGRAMMA XXV.
5 NOVEMBRE 1795

Maravigliose veramente e nuove
L'opre dei Galli or sono. –
Fatto già del lor Re vedovo il Trono;
E la Salica Legge,
Che avean dai tempi del barbato Giove,
Scartata anch'essa; omai Gallia si regge
Non più a Re, come pria, bensì a Regina,
Promossa al sacro onor la Guigliotina[38]:
Ma di sì ria pedina,

---

[35] Musico celebre, e l'Eroe presente dell'Italia; ed in fatti mostrò maschio petto, negando poi in Milano di cantare per il General Buonaparte Corso-gallo Conquistatore della Lombardia. Superiore in ciò di gran lunga Marchesi all'intero.....

[36] Narsete Eunuco, Generale dell'Imperator Giustiniano, che conquistò l'Italia su i barbari con un po' più di fatica, e di gloria che il suddetto General Buonaparte.

[37] Talete, uno dei sette savj della Grecia.

[38] La Guigliottina, parola barbara-piacevole, è una Mannaja a contrappesi un po' rimodernata, e incipriata da un medico macchinista, chiamato Guillotin, il quale, non avendo forse pratiche abbastanza, si fece un nome con questa nuova ricetta, che popolò in pochi anni l'inferno essa sola, più assai che tutte le Farmacopee, e Medici dell'universo in più secoli.

Che in isposa al Terror promessa s'è,
Rinascerà ben tosto un Più-che-Re.

EPIGRAMMA XXVI.
22 DICEMBRE 1795

Di contraria cagion l'effetto stesso
Come nasca talor, odilo espresso. –
Che fra Tedeschi, ed Itali, ed Ispani
(Gente cui batte regia onnipotenza)
Si trovin partigiani
Della ribalda Gallica licenza;
Schiavi sono e ribaldi, esser ciò de';
Ma che gli Angli, al cui Re
Vere leggi incatenano le mani,
Non che schifar tali affamati Cani,
Faccino agli urli loro eco vilmente;
Prova è questa (pur troppo) ampia patente,
Che nell'Indie costor mal impinguati[39],
Dal vizio, e non dal Re, son soggiogati.

---

[39] Gl'Inglesi, corrotti dalle subitanee ricchezze figlie del Commercio, incominciarono a non credersi abbastanza liberi, appunto allor quando incominciarono a non esser più degni della libertà vera, che fino a quel punto avevano goduta, ed in parte anco meritata.

EPIGRAMMA XXVII.
23 DICEMBRE 1795

Nasce talvolta il fulmin dalla terra.
Tal, con servile guerra,
Gallia facendo omai scala allo 'n giù,
Ogni sua feccia manda in armi su.
Il gran numero, e il puzzo,
Fan che a costor davanti tutto fugge
Ma da se stessa i suoi trofei si strugge
L'ampia mole, il cui spirto è tisicuzzo[40].

EPIGRAMMA XXVIII.
DETTO GIORNO

Con quattr'anni di Guerra, i Galli han vinto
La sempre avuta indipendenza esterna:
Ma sett'anni di stragi, e di rapine
Son, che la Gallia è incinta
Di non mai nata Libertade interna,
E fia pregnante eterna,
Benchè l'Erinni rie le sien Lucine,
E Ostetrici le mille *Guigliotine*.

---

[40] Benchè quasi tutte le Nazioni d'Europa (meno gl'Inglesi) abbiano la peggio nella presente guerra contro i Francesi, non è però men vero, che il paese il più spogliato, il più abbattuto, il più avvilito, e il più conquistato di tutti da questi nuovi settarj, ella è pur sempre la Francia; a cui le vittorie dei Tiranni aggravano sempre più le sue mostruose catene.

EPIGRAMMA XXIX.
28 DICEMBRE 1795

Portavano i Francesi
Già il marchio loro in su le spalle a carne:
Or li vediam palesi
In punta di Cappello altro portarne.
Prima era un giglio, ed ora è un girasole:
Meglio dell'altro parmi or questo sia,
Che fa in lor fronte quello, che far suole
L'insegna posta in fronte all'Osteria.

EPIGRAMMA XXX.
1 GENNAIO 1796

Udite, udite, l'anno Gallinér[41].
Comincia in Vendemmiér, Brumér, Frimér;
Barbarizzati col troncarli in ér.
Seguon poscia, Nivòs, Pluviòs, Ventòs;
Nomi dei mesi del primier Caòs.
Preréal, Floréal, e Germnàl;
Altri tre mozzi, e Gallizzati mal.
Termidòr, Fructidòr, e Messidòr;
Ricche voci, in cui tutto è l'ultim'òr[42],
Che omai tra Galli resti;
Quel che più simboleggia il fier Ventòs,
Che gli altri undici ci sol spiegar diresti;
E Greca, rima a lui si dee, SKATOS[43].

---

[41] Gallinér, in ér, ecc. bastando la sola barbarie indigena della pronunzia di questi nomi, non vi si è aggiunta anco l'altra della loro ortografia, con lo scriverli Gallinaire e Vendemiaire ecc.

[42] Bada bene, lettore, e non iscambiare qui il senso di questo or così troncato, e messo per oro, ch'è il metallo il più indipendente di tutti, e il più svelto per isfuggire, e sottrarsi dall'istessa tirannide.

[43] SKATOS, che in italiano suona Scatòs, e in latino s'interpreta Stercoris, e in italiano metaforicamente lo interpreteremo: Muschio di Provenza.

EPIGRAMMA XXXI.
GENNAIO 1796

Ben adoprar il tempo, ogni uom sa dirlo:
Lo adopra intanto il Gallo in ben partirlo.

Odi acume franzese
Tre boccon pari, e ti han partito il Mese.
Primidì, quintidì, così contando,
Eccetera, per sino al Decadì.
Poi, due volte i bei nomi ripigliando,
Termina il mese nel Triacadì.
Poi quel rotto, che il sole aristocratico
Ci dà dei ribellanti cinque dì,
Un qualche lor Mosè di riti pratico
Sacri gli ha soli Mascalzonidì[44].
Contro a ciò, come a torto manifesto,
Gridando all'uguaglianza, che sparì,
Gli altri trecensessanta fan protesto.

---

[44] Mascalzoni-dì; traduzione alla meglio della sublime parola *Sansculotides*, applicata dai Legislatori Francesi a questi cinque giorni scapoli, a cui la Decimo-manìa non concedeva d'entrare in alcuno dei dodici mesi. Ma l'intenzione dei denominatori essendo pure stata di conservare esclusivamente questi alla nuova *Scalzo-latria*, non è forse tradita del tutto la loro intenzione dall'umile traduttore, che ha supplito al *Senza-calzone* col *Mascalzone*.

PROSA QUINTA.
11 GENNAIO 1796

DIALOGO FRA L'OMBRE
DI LUIGI XVI E DI ROBESPIERRE[45].

> XX. ..... Claras abstulit Urbi
> Illustresque animas, impune, et vindice nullo.
> Nec periit, postquam cerdonibus esse timendus
> Coeperat.
> GIOVENALE, Sat., IV, vers. 150.

> Impunemente ei la Cittade orbava
> De' suoi più egregi Cittadini, e nullo
> Vendicator sorgea: nè perì poscia,
> Benchè alla Plebe fatto anno tremendo.

RE LUIGI: Chi sarà egli costui, che scende pur ora agli Elisi? Al naso arricciato, e alla guatatura insolente e' mi par di conoscerlo: ma la di lui testa è sfracellata talmente, che io non me ne posso accertare.

ROBESPIERRE: Re Luigi, tu mi stai osservando con occhio mal certo: non mi riconosci dunque più?

RE LUIGI: Or sì ti ravviso pienamente alla rauca loquela. Robespierre, così presto mi hai tu seguitato?

ROBESPIERRE: In questo secolo a regnar non s'invecchia, e tu il sai. Ti sia dunque noto, che quello che tu sei stato in Francia di nome, io lo sono stato di fatti. Ho regnato sopra le ceneri tue, e de' tuoi.

RE LUIGI: Non mi stupisce ciò punto. Tu avevi i tre pregj necessarj al regnare su i presenti Francesi. Oscuri natali, pessima fama, e scellerata impudenza. Regnar tu dovevi, e più tempo.

---

[45] Robespièrre: uno di quei tanti Avvocatuzzi falliti, che rigenerarono la Francia, e che, per essersi mostrato più crudele e vigliacco degli altri, ha saputo uscire da quella oscurissima folla, e farsi un nome tal quale.

ROBESPIERRE: Un anno e mesi di Trono naturale son pochi ma di trono usur-
pato son molti. È vero bensì, che in questo breve spazio mi sono sbizzarrito io
assai più, che non dieci dei tutti antecessori in tre secoli.

RE LUIGI: Ma pure l'arte tua a' miei tempi non era il guerriero; convien dun-
que dire, che morto me, tu ti sii portato agli eserciti: di dove poi, acquistando-
ti un nome, tu sii con la loro forza ritornato a dar legge a Parigi.

ROBESPIERRE: Pienamente t'inganni, poichè io non mi son mosso mai di
Parigi. Quel Comitato[46] che intitolammo di *salute pubblica*, al quale io perven-
ni a poco a poco a dar legge assoluta; quel Comitato comandava assoluto alla
Convenzione, la quale comandava assolutamente alla forza armata; la quale
(come a' tuoi tempi) comandava assolutissimamente al resto di quella moltitu-
dine, che voi Principi, e Grandi chiamate plebe, o canaglia, e noi all'incontro
(perchè nessuno vuol disprezzare se stesso ne' suoi simili) con accorta adulazio-
ne chiamiamolo Popolo: ma il vero suo nome in Francia sarebbe la Tutto-crede,
o la Tutto-soffre. Onde tu vedi chiaramente, come io senza spiccare le natiche
dal mio tronuccino, ho pur propagato il terror del mio nome nella
Convenzione, in Parigi, nella Francia tutta, negli eserciti nostri, e di rimbalzo
negli eserciti nemici, ed in tutte le Nazioni d'Europa: il che ben dee chiamarsi
Regnare.

RE LUIGI: Maraviglie mi narri. Non so, se da esse debba io concepire una
somma idea de' tuoi talenti e di te, ovvero una pessima idea della Francia, e di
tutta l'Europa, che da un sì miserabile ente qual eri si lasciavano pure atterrire.

ROBESPIERRE: Tu, dalla segregata tua reggia, mal imparavi a conoscere e gli
Uomini, ed i Francesi principalmente. Impara tu dunque a conoscerli ora dal
modo con cui gli ho io dominati. Spogliare, atterrire, ed uccidere; indi uccide-
re, atterrire, e spogliare; e indi ancora atterrire, uccidere, e spogliare e sempre
poi tutti tre questi verbi di regno, raccozzati, e voltati in quanti modi può dare
la volontà, suprema, e la forza, son soli l'arte e il segreto del pastoreggiare
Francesi. Ribelli eternamente costoro contro ai deboli, e benigni trattamenti, ai
Re buoni han disobbedito, insultandoli; ai tristi, e crudeli hann'obbedito, tre-
mando. Io ho posto loro alle spalle i cannoni, le mannaje, e la fame; ed ho posto
loro davanti le rapine, la licenza, il saccheggio. Con tale espediente li ho in bre-

---

[46] *Comitato*, parola che i Francesi accattarono in questo senso dagl'Inglesi, è Latina in origine. Equivale alla
voce italiana *Giunta*, e denota Consiglio straordinario sopra alcuna occorrenza dello Stato. E così pure i pove-
ri Galli han tolto in prestito dagli Inglesi *Mozione*, *Ordine del giorno*, e tutto insomma il frasario di Libertà,
da essi poi innestato sul Governo Algerino, che sol meritavano, ed hanno.

vissimo tempo trasformati nella prima milizia dell'Europa. Quei Generali stessi, che han fatto tremare i nemici, di me semplice Avvocatuccio han tremato. Quella plebe tremenda, che depredava e scannava i Signori, perchè troppo bene l'aveano sempre trattata; quella plebe stessa, ha ricevuto da me quasi per grazia il suo pane, e ad oncie contate, e pessimo. A be' calci, e percosse, io a viva forza l'ho cacciata alla guerra; io le ho tolti tutti i guadagni, le ho tolto perfin la parola; eppur quella plebe mi ha obbedito, e tremato. Que' Finanzieri insolenti, che a tempo tuo gareggiando co' nobili ne' vizi, e nel lusso, li offuscavano e deridevano; io gli ho spogliati, straziati, decapitati, sperperati; ed i pochi rimasti mi hanno obbedito, e tremato. Quei Parlamentarj, che a te riuscivano di tanto fastidio, e che tu esiliavi di tempo in tempo, tremando, e che di lì a poco tu richiamavi, piangendo; io quelli ho scherniti, spogliati, ed annichilati. E chi per essi si è mosso? Chi gli ha neppure compianti? Quei nobili, orgogliosi purtanto, coi quali tu procedevi con tante cautele, e riguardi: quelli che tu dovevi tutto dì confettare, abborrendoli; non uno di essi ho lasciato, che avvilito non fosse, e muto, e pezzente; uccisi gli altri tutti, o scacciati. Quella Convenzione finalmente, che a te toglieva il trono, e la testa, da me nel silenzio, e terrore si lasciava pure strappar quanti membri piacevami di strapparle. Io le ho tolta ogni libertà di suffragi: l'ardire le ho tolto, e quella innata sua garrulità fastidiosa, ed il mormorare, ed il far cenni pur anche.

RE LUIGI: Inorridire ad un tempo, e rider mi fai. Codesta tua immane mostruosità di carattere, innestata in un vigliacco qual fosti pur sempre, manifesta in tutta la sua estesissima pompa la stupida imbecillità di chi ti ha sofferto pur tanto.

ROBESPIERRE: Ma il tutto ancor non ti ho detto. Odi le rimanenti mie imprese: odile, e ritrova quindi parole, se il puoi, per denominare il tuo popolo. Io, dopo aver tolto, a chi il fratello, a chi il padre, a chi i figli, a chi l'amante o l'amata: io, dopo aver tolto ogni specie della più innocente libertà, e il quieto vivere, e gli agi della vita, e il parlare, e il pensare, e il respirare, ed il piangere, a ciascheduno; io, ad arbitrio mio, e capriccio, ho murate le Chiese, inibito ogni culto divino, distrutti i Sacerdoti, professato, e comandato l'Ateismo: ed io sono stato da tutti obbedito. Vuoi più? Successivamente avvedutomi poi, che gli Dei (quai ch'e' fossero) assai comodo faceano ad ogni uomo che regna, io ho da prima instituite, e comandate alcune feste pagane, con Deità allegoriche femmine tutte, e di palpabile carne. Le feste mie riuscirono numerose, pompose, e solenni. Lietamente i nostri Francesi passarono, e con dolcissima indifferenza. dall'Eucaristico pane alle Mimiche carni di quella prostituita, ch'io Libertà intitolava, o Virtù; e queste come quello adorarono[47]. Vuoi più? Ravvistomi io poi successivamente (perchè io ed i miei Colleghi non eravamo nè di acuta, nè di pronta vista) che un Dio solo, e impalpabile, inspirava maggior credenza, e rispetto, e favoriva quindi assai meglio il nostro *salutar Comitato*; io mi rappattumai con questa logorata dottrina. Onde, determinato io 'l giorno, fattomi da massimo corteggio attorniare, io Re, io Pontefice unico, io Creator-banditore, alla barba di tutto il popol Francese, ad alta voce esclamai: Dio sia: e Dio fu.

RE LUIGI: Impudente bestemmia! Ma questo per certo fu il punto estremo e della tua tirannica e stolida empietà, e della loro servil sofferenza. Io non dubito, che nel momento stesso in cui tu stavi recitando quella indecente farsa, più di mille ferri si rivolgessero in te, e in questa sconcia guisa sfregiandoti, a furor di popolo ti trucidassero.

ROBESPIERRE: E qui pur anche di gran lunga, o Re Luigi, t'inganni. Dopo quella augusta funzione, io me ne cenai la sera lietissimo in tutta sicurezza con altri de' miei Sacerdoti accoliti, e si bevve, e si rise alle spalle del credenzone buon popolo Francese. Niuno mai si attentò d'insidiarmi la vita. Una donzella forte, chiamata Carlotta Corday (che è stata il solo nostro Bruto) entrata nella ferma risoluzione di perder sè stessa per pure trucidar un tiranno, non si elesse perciò di trucidar me. Costei, più assai di coraggio che non di senno fornita, uccise nel bagno un vile fazioso, che per infermità già stava morendosi, un mio lodatore, e detrattore a vicenda, che io non amava, nè stimava, nè temea; ma che pure, se non veniva scannato dalla nostra Bruta, l'avrei fatto uccider io, come torbido, e fastidioso. Contuttociò, quand'io lo vidi in tal modo, ammazzato, lo vendicai con le leggi: e con tale esempio spavetando io gli altri semi-Bruti, assicurai così me medesimo.

RE LUIGI: Ma come dunque, e perchè soggiacesti; ed a chi?

ROBESPIERRE: Per non avere ucciso abbastanza fui morto, e non già per aver troppo ucciso[48]. Ed in fatti, non fu già un orfano figlio, che in me vendicasse i suoi genitori svenatigli, non un marito, un fratello, un amante, un divoto, un

---

[47] La nota a queste parole è stata fatta già circa 1900 anni addietro da un certo Cicerone, ch'era bastante politico, e conosceva bene sì gli uomini, che i Francesi. Disse questi nell'orazione per Marco Fontejo: « codeste Nazioni (Galle) cotanto dai costumi, e natura delle antiche genti si scostano, che quelle guerre appunto, che tutti gli altri popoli imprendono per mantenere il loro culto, essi *contro al culto di tutti, ed al proprio*, le intraprendono. » E leggi poi quel che segue, ed avrai di che ridere col buon Cicerone alle spese de' Galli.
[48] È qui da notarsi una somma diversità di maestria nell'arte Dolocratica che volgarmente si direbbe schiavesca, tra gli uomini antichi, ed i presenti Francesi; diversità, che sta interamente a favor di questi ultimi. Gli antichi, al trucidare i loro Tiranni venivano inspirati, e sforzati da un sacro misto furore di libertà, e di ven-

mendico, che in me vendicassero o la moglie, o il fratello, o l'amata, o i sacer-
doti, o gli averi da me depredati, profanati, ammazzati. Non entra vendetta in
cuor di Francese. Cristiani in questo soltanto, dal nulla sentire. Due scellerati,
che io per soli due giorni procrastinai d'ammazzare, per non morir essi, final-
mente mi uccisero: cioè congiurarono, per farmi dalla Convenzione, ammazza-
re, processare e accusare, tre verbi, che il mio regnare. ha fatti sinonimi, ed istan-
tanei, precedendo sempre però l'ammazzare. Vero è, che io nella Convenzione
stessa imprudentissimamente accusando con dubbie ed oscure parole assai de'
suoi membri, senza pure individuarne nessuno, lasciai in tal guisa sopra'tutte le
teste di essa vagare il terrore, e la morte. Questo indeterminato universale spa-
vento collegò contro me tutti quelli, che disegnate vittime si credettero. Quindi,
ciò che niuno di coloro avrebbe mai ardito tentare per salvare, nè vendicare il
congiunto, o l'amico; tutti allora, l'osarono, per pure tentare di salvar sè stessi.
Io dunque in una sola mattina vistomi subitamente incarcerato, accusato, non
udito, abbandonato, e tradito da' miei satelliti; trovandomi a mal partito, ten-
tai, con una pistola rimastami, involarni all'imminente fatal *Guigliotina*.

RE LUIGI: Bene sta: nè alcuno mai poteva esserti degno carnefice, quanto tu
stesso.

ROBESPIERRE: Ma questa mia mano, mal ferma in sì importante momento,
tradivami.

RE LUIGI: Insanguinata di tante migliaja di trucidati innocenti, mal seppe ucci-
dere un reo. Tu dunque allora il vedesti, qual differenza passasse fra l'inviare ad
altri la morte, e il darla a sè stesso.

ROBESPIERRE: Sfracellato così, e semivivo, io fui tosto strascinato su quella
piazza medesima, da quel carnefice stesso, sotto la stessa mannaja, che troncò la
tua testa, e quivi fu tronca la mia, e mostrata recisa ad un popolo immenso,
appunto come la tua. Tanto è vero, che non lo volendo, e senza avvedersene, mi
tennero, e trattaron coloro, fino all'ultimo punto, come lor Re.

RE LUIGI: Un successor qual tu eri, ampiamente ogni qualunque antecessore
discolpa. E benchè il desiderio, ed il pentimento, e le lodi di un popolo, che ha
potuto obbedirti, nulla lusinghino un Re di coscienza intatto, e di fama; nondi-
meno (giacchè su un tal popolo regnai) io voglio riportarne anzi lode, ed amore,

detta. Ma questo moderno Nabiduccio non veniva già ucciso da un Pelopida, nè da un Trasibulo, nè da un
Cassio; un Cetego, un Verre, e simili vili, sfuggiti di carcere, invidiosi bensì del Tiranno, ma in nulla nemici
della Tirannide, erano dunque i degni carnefici di un sì fatto carnefice.

che vituperj, ed abborrimento. E fia questa la diversa ma giusta mercede, che ambo noi otterremo dal tempo.

ROBESPIERRE: Or va, ben eri tu nato un Guardiano di Cappuccini, ma non il Re mai di un popolo ciarliero e corrotto.

RE LUIGI: Ogni tuo biasimarmi mi onora. Ed or, basti. Ampj son questi Elisi: ed il giusto Minosse a noi due certamente assegnerà una sede diversa e lontana. Addio dunque per sempre, o tu, memorabile

Sbigottitor di sbigottite donne (XXI).

ROBESPIERRE: Addio tu pure per sempre, o non credibile, ed unico

Ribellator de' tuoi sommessi schiavi (XXII).

EPIGRAMMA XXXII.
11 GENNAIO 1796

XXIII. Οἱ κακοὶ δ᾽, ὥσπερ πεφύκας, ἔποτ᾽
ἐυπατράξειαν ἄν.
EURIPIDE, Ione, ver. ultimo.

Non mai felici (esser nol denno) i tristi.

Ogni par d'anni, una Costituzione;
Ogni se' mesi, una voltolazione[49]
(Cioè, macello in casa col cannone,
Dal qual sempre ottien scettro il più birbone);
Ogni sei passi, un boja e una prigione;
Ogni tre passi, un delator fellone;
Ogni vent'ore, un sol tristo boccone
Du' volte il giorno, un falso gazzettone;
Ogni minuto, il ventre in convulsione;
Sempre inibita e Chiesa ed Orazione:
Questo è lo stato del buon Popolone,
Che aspetta ognora l'Organizzazione.

---

[49] *Voltolazione.* Non ho il tempo per ora di appurare, se questa parola sia stata archiviata nella Crusca; ma quand'anche poi non ci fosse, non mi risolverei però di levarla da questo Epigramma, perchè mi pare, ch'ella vi esprima vivissimamente quell'impotente rivoltolarsi che l'Asino fa nella polvere: per cui da qualunque lato gli venga poi fatto di raddirizzarsi stentatamente su i piedi, non ne rimane egli per tutto ciò meno Asino, nè meno gli prudono gl'insanabili guidaleschi suoi tanti. Che se la parola *Rivoluzione* era oramai consacrata in Europa per esprimere quel passare dalla servitù alla libertà, che è stato felicemente eseguito già dagli Svizzeri, dagli Olandesi, e dagli odierni Americani (passaggio che indubitabilmente dimostra un popolo risentito, intrepido e giusto) bisognerà pur prevalersi di tutt'altra parola per esprimere, ora quest'incessante passaggio da una schiavitù in un'altra, sempre più grave, e più stupida, il quale vediam praticare non che pazientemente, ma baldanzosamente, dal più presuntuoso, e il più ottuso di tutti i popoli, dalla creazione del Mondo fino a' dì nostri, senza eccettuare neppure gli Ebrei.

EPIGRAMMA XXXIII.
15 GENNAIO 1796

Per riscattar Repubblicani sei,
E de' più grossi che la Gallia sputi,
In baratto ella prima offre, ella stessa,
Dar l'orfana Capeta Principessa? –
Oh Trasibuli, oh Iulj, oh Armodj, oh Bruti![50]
Mirate Schiavi rei;
Con una Donzelletta,
Pretender ricomprar Fabrizj sei[51]!
L'Imperator, ridendo, il cambio accetta. –
A un gran dilemma i Galli or qui dan loco:
O la Donzella è molto, o i sei son poco.

EPIGRAMMA XXXIV.
16 GENNAIO 1796

La Repubblica Galla or l'un per cento
Della propria sua carta in detti rende,
Senza rossor nessuno.
Ella è il vero Anticristo, a chi l'intende;
Poichè Cristo, in suo santo Testamento,
Rende il cento per l'uno.

---

[50] Nomi tutti sacrosanti di veri difensori della libertà, che non ne avevano imparato il nome nelle Gallie.

[51] I Fabrizj Romani voleano rimaner poveri, per rimaner liberi. I Fabrizj Parigini vogliono dirsi liberi, per potersi far ricchi.

EPIGRAMMA XXXV.
18 GENNAIO 1796

Si dice, che dicea non so qual Papa
Palpandosi la tiara: Oh quanto bene
Ci fa quest'ampia favola di Cristo!
Così, cred'io, dice ora il ben più tristo
Gruppo de' nuovi Gallici Pentarchi,
Rimpannucciati, e di ricamo carchi,
Le panciette palpandosi omai piene,
E dianzi avvezze al cavolo e alla rapa,
« Oh beata novella cecità!
Quanto a noi fa pur bene
La favoletta della Libertà ».

EPIGRAMMA XXXVI.
STESSO GIORNO

La Convenzion Gallesca or si baratta
Ne' Cinque, ed Anziani, e Cinquecenti;
Ma la stessa è pur sempre.
L'Uomo non cangia tempre,
Nè (molto meno) il reo si disimbratta,
Per cangiar egli nome, o vestimenti.
Un soldo è un soldo: e fa pur quanto sai,
Quattrini quattro nol baratti mai.

EPIGRAMMA XXXVII.
STESSO GIORNO

S'io di Greco sapessi, or ne trarrei
Sopra i Galli assai buone barzellette,
Poichè pur tanto s'ingrecheggian ei.

Per esempio; un sol jota, chi il frammette
A Démos popol, fa *Demiós*, ch'è il Boja.
Mirate con che facile enimmatico,
Chi grecizza, in un motto si spastoja
Dal battezzare il regno di que' rei,
Dicendo; innesta il jota al Democratico[52].

SONETTO XXXVIII.
20 GENNAIO 1796

> XXIV. Agorastocles. Agite, inspicite, aurum est.
> Collybiscus. Profecto, Spectatores, comicum.
> PLAUTUS, Poenulus, III, 2, 20.

> Ag. Oro è questo, guardatelo.
> Coll. Davvero Spettatori, gli è un oro da commedia.

L'*Assegnato*, è tra i Galli un fogliolino
Con cifre, e bolli, e firme, emblemi e motti:
Finge, e scaccia i metallici prodotti:
Ridendo il dai, ma il prendi a capo chino.

Nozze, ove in acqua è trasmutato il vino,
Son queste, e muto il reo prodigio inghiotti:
E se increduli v'ha, tosto fien dotti
Dal Carnefice Popol Parigino.

Breve poter, ma immenso, ha l'empia carta,
Che i già ricchi, or pezzenti, e disperati,
Coll'affamata plebe in un coarta.

Tutti a forza il Terror li spinge armati;
Vincon l'Europa, ch'anzi a lor si apparta:
Ma non può Gallia vincer gli *Assegnati*.

---

[52] E ne avrai la bellissima parola *demiocratico*, cioè carneficesco governo. A nuove cose, nuove parole.

SONETTO XXXIX.
26 GENNAIO 1796

XXV. Ύπνε, ἄναξ πάντων τε θεῶν, τ'ἀνθρώπων.
OMERO, Iliade, XIV, v. 233.

O, degli Uomini tutti, e in un de' Numi,
Sonno, tu Re!

Giunte sporge le mani, e genuflesso
La pace implora il gran Monarca Ibero[53]
Dagli assassini, che morte empia diero
Al loro Re, della cui stirpe è anch'esso.

Pace ottien ecco, e vituperio espresso,
Che il suo nome incastona in turpe Zero.
Già per l'altrui viltade il Gallo altero
Sforzato è or quasi ad apprezzar se stesso.

Ben tutta è lezzo nostra Europa infame,
Poichè in fetore nè alla Gallia cede,
E a sè di sua putredine fa strame.

Ardiam, su dunque, ampie funeree tede
Di Nazioni estinte al vil carcame,
Se ai Galli ognuna esser minor si crede.

EPIGRAMMA XXXVIII.
27 gennaio 1796

Sublime marchio contrassegna i pretti
Repubblicani, non alati uccelli:
Rosso e bianco, e turchino, in tre cerchietti;
L'un nell'altro innestati,
Fan l'augusta coccarda, onde fregiati

---

[53] È nota la umil pace ricevuta dalla Spagna, e impostale dalla Repubblica Francese. Ma conviene anche dire, che di una tal turpitudine non fu inventrice prima la Spagna, poichè di parecchi mesi fu preceduta dalla Prussia, che diede l'esempio di sacrificare l'onore, senza neanche renderlo.

Van dei Galli nell'apice i cappelli.

Sangue il rosso, e poi sangue, e sangue accenna;
Stupidità, non candidezza, il Bianco;
Il turchin la Turchesca Libertade:
Tre bei Simboli, a cui se l'un vien manco,
Il mal-in-gambe loro Idol Tentenna[54]
Srepubblicato cade[55].

EPIGRAMMA XXXIX.
28 GENNAIO 1796

Dai Buoni i Tristi divisar tu dei,
Chiamandoli Francesi:
Poi la Coccarda ti farà palesi
I pessimi tra' rei.

EPIGRAMMA XL.
STESSO GIORNO

Semi-Ateniesi i Galli son: chi il niega
Oda lor lingua e il greco in piena lega.
Attici Autori usar *Polissonómo*[56],
Per dir Reggi-Cittade.
Or che il Grecismo tutta Gallia invade,
Tali ella noma i Magistrati sui,
Per far d'Atene omai l'ultimo tomo:
Ma il Gallo, che in suo genio accatta; e rode
Poi sempre i suoni delle voci altrui,
Qui pur nasi-parlando, e usando sega,

---

[54] Nome di una divinità Francese, la quale sarà poi il Demogorgone della loro mitologia.
[55] *Srepubblicato*, altra parola nuova, ma più necessaria per ora di quel che lo sia *Inrepubblicato*.
[56] *Polissonomo*. Eschilo usò questa voce nei Persi, verso 855, e nelle Libatrici, verso 869.

Qual fa di Aristogitone *Gitón*,
Così, troncando l'omo,
Fa di Polissonómo *Polissón*[57].

EPIGRAMMA XLI.
31 GENNAIO 1796

Quando degnansi i Francesi
Far partecipi altre genti
Della lor felicità,
Mandan ivi i lor pezzenti,
Che con modi assai cortesi
Le *organizzan* come va[58].

Oro, argento, bronzo, ferro,
Grani, bestie, arbori, frutti
Si fan dar quanto più v'è:
Ma pagando, e in buon *papié*,
Poi per toglier loro i lutti
Del reciso ulivo, o cerro,
Un trist'albero lor piantano,
O sia nespolo, o sia sorbo
Del qual molto si millantano,
Gareggiando il birbo, e l'orbo.

Un tal frutice han chiamato
L'Arboscel di Libertà.
E il sarebbe in verità,
Se radici ei tante avesse,
Sì che ogni ente *organizzato*
(Cioè nudo-brullo-nato,
Affamato, e disperato)
Impiccarvisi potesse.

---

[57] *Polisson*; questa parola, che non troncandola è greca, diviene col troncamento pretta francese. E assai prima ch'ella significasse, come ora, Magistrato, ella significava per l'appunto ciò che i Fiorentini dicono tuttavia Monello.

[58] *Organizzare*; altro verbo derivato dal Greco, e metaforicamente messo su dai Francesi per significare il mettere in perfetta armonia tra loro le diverse parti politiche interne dello Stato. E con la stessissima felicità per l'appunto armonizzano essi nelle cose dello Stato, come in quei loro urli musicali che chiaman l'*Operà*.

L'ORACOLETTO
EPIGRAMMA XLII.
1 FEBBRAIO 1796

O i Pentarchi[59] farannosi Pantarchi[60]:
O i Pentacosi[61] li faran Staurarchi[62].

EPIGRAMMA XLIII.
2 FEBBRAIO 1796

Per decreto trombale
D'ambi gli augusti Gallici Consessi,
Quaranta-mila-milioni soli
Di lire Galle, in carta antireale
Saranno impressi, e emessi.
Poi, (perch'uom niun dopo il Governo involi)
Stampati i soldi, rompon le matrici.
Questa è pietà, qual veramente dessi
A tali arcispossate genitrici.

[59] I cinque-Re.
[60] Soli-Re: cioè onnipotenti, e tacitamente dicenti con le femmine, da Giovenale pennelleggiate, «Voglio e comando, e il mio voler fia legge ».
[61] I Cinquecento, che sono le matrici di quei Beati Cinque.
[62] Di-forche-Re. Parole tutte quattro grechissime, e felicissime.

EPIGRAMMA XLIV.
2 FEBBRAIO 1796

XXVI. Τὰ δάνεια δούλους τοὺς ἐλευθερούς ποιέι.
Τί οὖν τοὺς πάλαι δούλους ποιήσει;
ΔΟΥΛΟΤΑ'-
ΤΟΥΣ, δήπου.

I debiti rendono schiavi gli Uomini liberi. Quali dunque
renderanno pur quelli ch'erano da prima
già schiavi? – Per certo schiavissimi.

Sentenza d'un Anonimo antico,
Aggiuntavi la coda da un moderno.

Uno sforzato imprestito in bei dindi[63]
Gialli, o bianchi, o bronzini, ma sonanti,
La Repubblica leva:
Milïoni seicento di contanti,
D'ogni uomo il sangue, in un istante quindi
La Repubblica leva.
Vogli, o non vogli, abbi o non abbi, paga
Se no, tua pelle prima, e poi tua testa,
La Repubblica leva.
Ma sia pur Ladra, ella non è già maga,
Nè, per l'ultimo furto, omai più cresta
La Repubblica leva.

---

[63] Dindi; nome de' quattrini usato dai bimbi; e da chi pargoleggia con essi, appunto, come va facendo con costoro il Misogallo.

EPIGRAMMA XLV.
4 FEBBRAIO 1796

« La Francia sola contro Europa tutta »,
Men gl'iniqui (cioè du' terzi e un sesto)
Combatte: e i non iniqui a terra butta. –
Qui l'esser vinto adunque alloro frutta;
E vituperio è il vincer manifesto.

EPIGRAMMA XLVI.
15 APRILE 1796

Il Mandato è fratel dell'*Assegnato*,
E figlio dell'*Imprestito sforzato*.
Tutti di un Corpo-pubblico decotto
Sono il tristo fetente ultimo fiato,
Ch'egli or di sopra emette, ed or di sotto.

EPIGRAMMA XLVII.
7 MAGGIO 1796

Di tutti quasi i Re d'Europa un fascio
Mal ammagliato io miro;
E ad uno ad uno debellati in giro,
Pria che venga ai lor regni ultimo sfascio,
Ai Galli innanzi in ginocchion li lascio. –

Da ciò, chi non è volgo, non conchiude
Che sien gran cosa i Galli;
Ma che tai coronati pappagalli
Temprati Re sovra stercorea incude,
Ai cinque Boia-Re prestan virtude.

EPIGRAMMA XLVIII.
STESSO GIORNO

Chi 'l crederia pur mai, che filarmonica
Tanto fosse una gente.
Cui vomita la Gallia disarmonica?
Per tutto, ov'ei si ficcano, imminente
Minacciano un concerto
Tutto d'organi schietti, appo il cui merto
Ogn'altro suon fia ciarpa.
Già i pedali a calcar pronta è ogni scarpa:
Gli organi, è ver, finora, e gli organisti
Mancan; ma intanto, per non farci tristi,
Lor mani esercitando van su l'arpa[64].

---

[64] Arpa, stromento eletto dal re David per salmeggiare, e profetizzare: degenerato poi nella mondanità, come tutte le cose coll'andar del tempo. Ma i Galli, rigeneratori d'ogni antico instituto, voleano pure a questo loro diletto stromento dare la preferenza sopra l'Organo stesso: e tanta era la loro predilezione per questa Davidica armonia, che quando si cucinavano quel loro stemma Simbolico, in vece del tacito motto, che io accennai nell'ultimo verso del Sonetto XXI, come scolpito dalla maestria del pittore su la fronte della lor Donna Stemmatica, molti si ostinavano a porvi sotto la seguente Epigrafe greca tre parolette, ...Hrpeka, ʄArpŒza, ʄArpŒsa; che in Italiano suonerebbero, ridotte in un verso: *L'Arpa suonai, la suono, e suonerolla*. E grandi furono, e ingegnosissimi, i contrasti fra quei saggi per l'ammissione, o esclusione dell'Epigrafe. Ma finalmente i membri Grecizzanti dovettero cedere ai Gallizzanti, che dimostrarono non potersi alla lor Donna impugnante una pertica, affibiare il motto di un arpeggiante, perchè una pertica non è un'arpa.

EPIGRAMMA XLIX.
13 MAGGIO 1796

XXVII.. Ἀνθώπους καταλέξω πεπληρομένους πάσῃ ἀδικίᾳ, πονηρίᾳ,
πλεονεξίᾳ, κακίᾳ, μεσοὺς φθόνου, φόνου ἔριδος, δόλου, κακοηθεὶας,
ψιθυπιζὰς, καταλάλους, θεοζυγεῖς, ὑβριζὰς, ὑπερηφὰνους, ἀλαζογὰς,
ἐφευρέτας κακῶν, γονεῦσιν ἀπειθεῖς, ἀσυνέτους,
ἀσυνθέτους, ἀζόγους, ἀσπόνδους, ἀνελήμονας.
S. Paolo, ai Romani, 1, 29.

Uomini annovererò ripieni d'ogni iniquità, impudicizia, reità,
avarizia, e malizia: ridondanti d'invidia, di stragi, di
discordie, d'inganni, di perversità: sussurroni, detrattori,
Dio-spregianti, ingiuriosi, superbi, millantatori, di nuovi
mali ritrovatori, irriverenti ai lor padri, dementi,
fedifraghi, disamorevoli, dispietati, implacabili.

Catalogo dei Piedi Militanti[65]
Nella guerra dei *Deficit Regnanti*[66].

Coalizzati contro ai Galli, e indarno,
Fur Portogallo, e Spagna,
E Napoli, e Sardegna, e Gran Brettagna,
Ed Austria, e Prussia, e Impero di Lamagna,
E Olanda, e Russia quasi, e il picciol Arno.
Coalizzati ai Galli, e con più frutto,
Faro in grati turba gli Enti.

[65] Piedi militanti. Questa parola Piede, consacrata oramai dall'uso, per esprimere una data quantità di Gente in armi, per una felice combinazione, ella riesce anche calzante, e dimostrantissima in questo proposito, trattandosi qui d'una guerra, che non si eseguiva nè colla testa, nè colle braccia, ma ad litteram coi soli piedi (e scalzi per lo più) delle rispettive Potenze, che, un po' per una, altro non facevano, che mandare i piedi un tantino innanzi, e subito poi rivolgerli moltissimo indietro.

[66] Deficit Regnanti. Questo latinismo fatto oramai proprio vocabolo di tutte le lingue moderne, è usato qui in forza di Sustantivo; e il Regnanti vi sta per Aggettivo. E così architettate queste due parole, vengono, mi pare, ad esprimere il giusto valore di quasi tutte le presenti Potenze Europee; le quali, o siano composte di un Re, o di molti, tutte concordano pure nel farsi base del Deficit, non solamente di denari, ma di tutte quelle mercanzie, cioè Senno, Previdenza, Coraggio, Religione, Onore ecc., con le quali altre volte si governavano gli Stati.

Gl'invidïuzzi Re, nulla intendenti;
E i Ministri, o malfidi, o tondi, o lenti;
E i Generali, o inetti, o vecchi spenti;
E gli Ammiragli, a1 mercatar scendenti;
E i Grandi di lor corte malcontenti.
Di nostre armi, pur troppo, ecco i Reggenti.
Segue il fascio più brutto
Dei non Galli, pe' Galli combattenti.
I plebei, che il timor fea sol tacenti;
E i plebei, che viltà fea poi valenti;
E gli affogati debitor pezzenti;
E gli assassini, e i ladri, e i malviventi,
Tutti già già dal patibol pendenti;
E i banchieri impinguatisi impudenti;
E i mercanti falliti, non solventi;
E gli schiavi, che adulano i potenti;
E i dispregiati garruli saccenti;
E i lettori, dottrina non abbienti;
E i furati all'aratolo studenti;
E gli avvocati d'ozïosi denti;
E i Medicastri, morte mal pascenti;
E in tutte l'arti i rabidi impotenti:
E i servitori, esser padron volenti;
E i padroni, in servili opre giacenti;
E i Beccai, di tirannide stromenti;
E i Cogli-mete, e uffizi altri fetenti;
E i Frati, in gabbia invan codi-frementi;
E i Preti, a benefizio non salenti;
E i viziosi ignari miscredenti;
E i Settarj, o impostori, o stracredenti;
E de' Giudei le circoncise menti;
E i mariti lor mogli a vil vendenti;
E le mogli, cui tolto è aver serventi;
E i figli, ingrati, indocili ai parenti;
E i Cadetti che han quattro, e spendon venti;
E i Cavalieri spada non traenti;
E i titubanti nobili recenti;
E i letterati, a mensa altrui rodenti;
E i Poetuzzi, il ricco invan lambenti;
E i Filosòfurfanti, sconnettenti;

E i Giovani, inesperti, mal-vedenti;
E i Misantropi, lividi cruenti;
E i Filantropi, stupidi leggenti;
E i prezzolati, effimeri scriventi;
E i vili, del mal d'altri ognor ridenti;
E i vili, del ben d'altri ognor piangenti...
Ma il fiato manca, tante son le genti. –
Coalizzati ai Galli, e con gran frutto,
Tutti i pessimi fur del Mondo tutto[67].

EPIGRAMMA L.
16 MAGGIO 1796

L'*Aristo-* e il *Mono-* e il *Demo-*craticismo
Han tutti e tre di Francia l'Ostracismo.
Aristo- perchè dove buon v'è niuno,
Fia impossibil trovarvi ottimo alcuno alcuno:
Mono- perchè in migliaia non han l'Uno:
Demo- perch'ella ognor favola fue,
Che le pure Api libere creasse
Un putrido cadavere di Bue.
Senza Popol, senza Uno, e senza Buoni;
Nuovo Regno è dover, ch'ivi si alzasse,
Cui chi un nome vuol dar che il tutto suoni,
Greco-Tosco-Latin, questo gli dia;
Cacó-Ptocó-Ladró-Servo-crazia[68].

---

[67] Tutti i pessimi fur ecc.; meno... i RR. PP. Gesuiti.

[68] Kako' Ptaxo' ecc. Cioè: Governo di Ribaldi, Pitocchi, Ladri, e Servi. Dei quali pregj, siccome riuniti spesso tutti nello stesso Individuo regnante ora in Francia, se ne potrà benissimo formare grecamente anche un sol nome composto Toscano; il quale felicemente anche combinandosi in undici sillabe ci darà il seguente prezioso verso, vista la preziosità dei soggetti: Rei-Pidocchiosi-Ladri-Servi-Re.

EPIGRAMMA LI.
18 MAGGIO 1796

Non è dai Galli, oibò, l'Italia invasa:
Gli è tutto pan di casa,
L'una fogna nell'altra or si travasa.

EPIGRAMMA LII.
23 MAGGIO 1796

Non vorrian esser Vandali i Francesi;
Quindi or gl'Itali Quadri arder non vonno;
Ma solo a gloria intesi,
Per fingersi non barbari, li rubano[69].
Che pro. ben le lor mani sgraffar ponno,
Ma in trattare il pennel goffe titúbano.

EPIGRAMMA LIII.
7 GIUGNO 1796

La vile Europa dalla Gallia vile
Batter si lascia, e leggi anco riceve;
Ragion ne vuoi? fia breve. –
Di codardi mal giunti, a cui sottile
Verga, mal retta, e in più divisa, impone,
Palma ne ottengon lieve
Codardi, avvinti sotto un sol bastone.

---

[69] Ai Duchi di Parma, e di Modena, Principini che non erano in guerra co' Francesi, ed inermi del tutto, furono tolti da questi magnanimi conquistatori parecchi bellissimi quadri; fra i quali, al Duca di Parma il famoso S. Girolamo del Correggio. Ed eran questi generosi furti i fatidici precursori di quelle veramente nuove *Repubblicocuzze*, che furono poi tutto il prodotto residuale delle industriose *Culofatture* Francesi da essi lasciate in Italia, da seppellirsi poi nell'Eridano, insieme coi loro tessitori.

EPIGRAMMA LIV.
5 LUGLIO 1796

Scrive amichevolmente
All'amico Gran Duca il Gallagogo[70],
Che metteragli irresistibilmente
Sei mila armati amici entro Livorno.
Risponde blandamente,
Pel lattante Signore il Pedagogo;
Che si riceveran cristianamente.
Ne fa l'Italia tutta un muto sfogo:
Intreccia intanto il General gaudente[71]
A' suoi sudati allori un aureo corno.

EPIGRAMMA LV.
16 LUGLIO 1796

Contro pochi ed inermi, armati molti,
E in vista amici, usar l'inganno, è vostro,
E di voi soli, o Galli, un sì bel pregio.
Già da tant'anni in ogni infamia avvolti,
Poter pur anco al vostro onor far sfregio,
Ben cosa era da voi. –
Popol d'ignoti Eroi,

---

[70] Gallagogo, cioè menator di Galli, parola in tutto sorella di Pedagogo, menator di ragazzi.

[71] *Gaudente*, era il nome di certi Frati, che ancora duravano nel decimoquarto Secolo, e mentovati dal nostro Dante. Questo è altresì uno dei pochissimi Ordini Religiosi, che i Francesi hanno decretato non solamente di tollerare, ma di volerlo in tutta la sua massima pompa rigenerare, finchè si troverà dei popoli, alle cui spese professarlo. E finchè i *Protaschiavi* (cioè essi stessi Francesi, la parte passiva, che sono i quattro quinti, e cinque ottavi di tutta la *Gallicheria*) saranno stupidi nell'obbedire, ancor più dei loro tiranni nel comandare. Benchè, certo, non lo siano poco; comandando, tra le altre tante ridicolezze, quella di odiare i Tiranni, senza aver l'avvertenza di eccettuare sè stessi; ed i Popoli loro non lo son niente meno, nelle difficoltà, che fan nascere, per non giurare quest'odio, che stoltamente adattano ai Re; i quali, a petto a costoro, sono vere, legittime e liberissime Repubbliche. Ma dove sono io ito abusando della carta, che mi rimaneva in bianco qua sotto, e saltellando di palo in frasca. Ora mi ravvedo, e ravviatomi taccio, fino ad un'altra notarella. Ma la Francia è un così vasto pantano, che chiunque vi cade, a stento poi si può ricondurre alla riva, e non può mai uscirne, se non molto imbrattato.

Vero nell'inventiva unico mostro,
Trovata hai l'arte di macchiar l'inchiostro.

EPIGRAMMA LVI.
22 LUGLIO 1796

Rubano i Galli tutto agl'Italiani;
Che, non avendo mani,
Regalan lor per giunta anco l'onore.
Ma quelli lo rifiutan con orrore,
Qual moneta, che in Francia non ha corso.
Il tristo Onor, sprezzato
Non men che dal rubante dal rubato,
Come un can bastonato
Dando all'Italia il dorso,
Verso i Tedeschi a tutte gambe corre,
A veder se il pur possono raccorre.

EPIGRAMMA LVII.
25 LUGLIO 1796

Rosi i Galli dal baco
Detto *Innovíno*[72], han protettor cangiato,
San Luigi, in San Caco[73]:
Quindi il Nume novel, di fama ghiotto,
Per più innovare, ai *Novinisti*[74] ha dato
Ch'essi mangino, e parlin per di sotto,
E il ventre sgravin donde si fa motto.

---

[72] *Innovíno*: altra Deità Francese, la quale sta sempre aspettando il suo fratello primogenito, chiamato *Inventino*, senza di cui quel tapino cadetto non può mai far nulla di buono nè di originale.

[73] *Caco*: altro Nume naturalizzato dai Galli; la di cui apoteòsi essi hanno ottenuta alla barba d'Ercole, di lui uccisore. Ed ora che hanno conquistata Roma, sopra il feroce Pontefice, dicesi, che vogliono trasportare la Cupola di S. Pietro sull'Aventino per sovrapporla al nuovo tempio di questo lor Dio.

[74] *Novinisti*, seguaci di Sant'Innovino, come gli Scotisti di S. Tommaso.

EPIGRAMMA LVIII.
28 LUGLIO 1796

Due morbi a un punto mai non raccozzati
I Galli han coronati;
Tutti i Re, fatti a un tempo paralitici,
E gli schiavi indi tutti *emo-dipsitici*[75].

EPIGRAMMA LIX.
28 LUGLIO 1796

Certi nomi si accoppiano, altri no.
Verbi-grazia; sta ben, Libero, e Giusto;
E a maraviglia stan, Ladro, ed Ingiusto.
 Ma, nè Dio pure maritar mai può
Libero e Ingiusto, ovvero Giusto e Ladro. –
Nol può Dio? poco importa; Gallia il puote.
Quella sfacciata, che in ribalde note,
Con mani ambe le fiche al Ciel mandò,
Gridando: « togli, Dio, che a te le squadro ».

EPIGRAMMA LX.
28 LUGLIO 1796

« Che giova nelle Fata dar di cozzo? »
Natura, o Galli, libertà vi niega.
Non vel dice il cervello, e il naso mozzo,
(Cui di serbar pur sempre ella vi prega)
Che sete appena voi dell'uom l'abbozzo?

---

[75] *Emo-dipsitici.* Parlando di una Nazione tutta Greca, bisogna grecizzare per forza. Queste due parole rac-cozzate, vengono a dire *Sangue-sizienti,* ed è una malattia egualmente comune tra i Re, e tra i più vili plebei, cioè in tutti que' corpi umani, che si trovano o troppo satolli, o troppo affamati.

EPIGRAMMA LXI.
6 AGOSTO 1796

« Guerreggio in Asia, e non vi cambio o merco »[76],
Dicea Goffredo, invitto, e nobil Duce. –
Rubo in Italia, e non guerreggio; cerco
Oro sonante, e non frivola luce;
Dice l'ignobil Capitan Pitocco,
Ch'or dietro a sè ne adduce
Ladreria di Proénza e Linguadocco.

SONETTO XL.
18 AGOSTO 1796

Là dove il Mincio impaludato aggira,
Sacro, le mura dell'antiqua Manto,
Freme dei Galli la famelica ira,
Che di espugnarle anticipato ha il vanto.

Ma palma ognora non ottien la dira
Megèra ai figli del Tartareo pianto;
Rado, è ver, ma talvolta il Ciel pur spira
Fausto a chi abborre schiavi in franco ammanto.

Tolta è la grave ossidione: in riva
D'Adige omai si pugna in vario Marte,
E ancor la speme dell'Italia è viva.

Tedesche braccia, Italo senno ed arte[77]
Fean l'illustre difesa; onde periva
Sconfitto il meglio dell'iniqua parte.

---

[76] Verso del gran Torquato, degno, e di lui, e di Goffredo, e dell'alto scopo d'entrambi. Così fosse degno pur anche il terzo verso di quest'Epigramma, e del Capitano, e dell'impresa sua, e di chiunque altri intraprendesse mai di cantar l'uno, e l'altro, eccettuatone però il Colascione del Misogallo.

[77] Stavano alla difesa di Mantova alcuni abilissimi Ingegneri Italiani al servizio Austriaco. Ma ella è ben alta vergogna per l'Italia, che il di lei ingegno non s'abbia pur anche le mani. Speriamo, che alla povera monca elle rimetteranno pure una volta, quali erano, robuste, pure, augnate quanto conviensi, e non uncinate.

SONETTO XLI.
21 AGOSTO 1796

Tronche due Regie teste rotolanti
Veggio; nel limo d'Albion la prima;
L'altra, ove all'Anglo i Galli *scimieggianti*
Fan più d'un secol dopo atroce rima.

Stragi ambe inique, cui tu indarno annnanti,
Falsa Astrea, sol di furti, e sangue opima:
Pur, dal pari delitto (assai distanti
Effetti) il Gallo ha spregio, e l'Anglo ha stima.

Donde ciò mai? N'è la ragion patente.
Libera innanzi, e libera più poscia
Era, e tuttora ell'è, l'Anglica gente.

Gallia all'incontro, che in mertata angoscia.
Soggiacque a un solo Re, dianzi servente,
Or sotto ai mille esanime si accoscia[78].

---

[78] Chi ha conosciuto i Francesi *misgenerati* a' tempi del Re, ed i *rigenerati* d'adesso, ha osservato ch'essi avevano allora alquanto meno il contegno, e l'insolenza, ed il timore di schiavi, di quel che l'abbiano al presente. Essi erano allora al remo come dilettanti, che nei nostri porti chiamansi *Buonavoglia*, ed ora vi si assidono sforzati davvero, ma remigano pure liberamente a suon di nerbate.

SONETTO XLII.
9 NOVEMBRE 1797

XXVIII. Et nomen pacis dulce, et ipsa res salutaris: sed inter
pacem, et servitutem plurimum interest.
Pax est tranquilla Libertas: Servitus malorum
omnium postremum, non modo bello,
sed morte etiam repellendum.
CICERO, Philipp., 11.

Soave nome la pace, e *salutarissima cosa ad un tempo*: ma fra la
pace, e il servaggio ci corre moltissimo. La pace è una tranquilla
libertà: il servaggio è dei mali tutti l'estremo, e debbesi, non che
con la guerra, ma con la morte stessa respingere.

Laudato alfin sia il Diavolo, una pace
Han gli schiavi-Re Galli impiastricciata,
Per cui disartigliata, e spennacchiata
La men ladra di loro Aquila giace.

Un decrepito molto, e non sagace
Leon, che in due trist'ali avea cangiata
Sua maschil masserizia omai tarlata,
Di se fa base al patteggiar rapace. –

Pace non v'è, da libertà divisa;
Galli, e non Galli, in rio servaggio avvinti
Noi tutti, avrem dei posteri le risa.

Tutti del par, di codardia convinti
Saremo, e in nuova, ma dissimil guisa,
Infami al par dei vincitori i vinti.

SONETTO XLIII.
2 MARZO 1798

Dei rifondati Cibeleschi Galli
A coronar le generose imprese,
Questa or mancava sola; i sacri stalli
Irne a espugnar delle Romane Chiese.

Scarsi otto mila bipedi cavalli,
Schiavi sferrati in mendicante arnese,
Intreccian ecco in Vatican lor balli,
Cui de' far Roma libera le spese.

Sì vedrem poi nuovo trionfo antico,
Il Direttorio sculto in marmo Pario[79],
Scabra palma ostentarne un nobil fico;

E il Pontefice espulso ottogenario;
Fia 'l trionfato Imperator nemico;
E allor, fia 'l Santissimo Rosario.

LICENZA

XXIX. Fors'altri canterà con miglior plettro.
ARIOSTO, Fur., XXX, 16.

Bench'io n'abbia non poche, a me pur meno
Pria verran le parole,
Che non ai Galli le servili fole,
E il tirannesco rabido veleno. –
Qui dunque alla Galleide omai do fine,
Al pari, o più di te, Lettore, io stufo. –
– Addio, Galli; addio, Muse sterquiline
Io cedo, e il tema, e il canto al Vate Gufo.

---

[79] Il Direttorio; nome verbale figliato da dirigere, come Erettorio da ergere, colla differenza però, che questo riesce un aggettivo che non ha forza da star da sè, e si accoppia per lo più con un membro solo; quello all'incontro s'è fatto un cotale sustantivo, che collettivamente definisce, e rappresenta il nuovo Re Quinquemembre dei presenti Repubblicani Francesi.

CONCLUSIONE

Giorno verrà, tornerà il giorno, in cui
Redivivi omai gl'Itali, staranno
In campo audaci, e non col ferro altrui
In vil difesa, ma dei Galli a danno.

Al forte fianco sproni ardenti dui,
Lor virtù prisca, ed i miei carmi, avranno;
Onde, in membrar ch'essi già fur, ch'io fui,
D'irresistibil fiamma avvamperanno.

E armati allor di quel furor celeste
Spirato in me dall'opre dei lor Avi,
Faran mie rime a Gallia esser funeste.

Gli odo già dirmi: O Vate nostro, in pravi
Secoli nato, eppur create hai queste
Sublimi età, che profetando andavi.

IL FINE.

XXX. Tenea 'l Ciel dai Ribaldi, Alfier dai Buoni.

INDICE DEL MISOGALLO.

Del Misogallo i membri io 'n rima annovero
Perchè a far non me l'abbia un dì Ser Ficco
D'un sol d'essi più ricco, nè più povero.

———————————————

Prose cinque, Sonetti quaranzei,
Sessantatrè Epigrammi, e solo un'Ode;
E il Rame; e in Note ottanta, una Notona,
Che con tre Documenti al ver consuona;
E di Epigrafi trenta, alta corona:
Questa è l'Opera intera, a cui potrei,
S'io non schifassi omai sì ignobil lode,
                    Appicciar più code.

———————————————

Rame allegorico
Prosa prima. all'Italia
Prosa seconda. Ragion dell'opera
Prosa terza: Ultime parole del Re
Prosa quarta. Dialogo tra un liberto, ed un Uomo libero
Prosa quinta. Dialogo fra il Re Luigi XVI e Robespierre

SONETTI

Invocazione: *O sovra i Numi tutti augusto Nume*
Proemio: *Odio all'emula Roma acerbo eterno*
Preso ha il timon, che fu pur dianzi al Remo
Barbari ai nomi, alla favella, al naso
O Dea, tu figlia di valor, che aggiungi
D'inutil muro un giro ampio senz'arte
Gente più matta assai che la Sanese
Stridula ruota di vil carro informe

Impetuoso Borea stridente
Io, cui natura, esperienza e amore
Ricchetti, Itala stirpe, arguto audace
In altro Agosto insanguinar già vide
Sua Maestà la Nazion Gallina
Atroce assai, ma più codardo, stuolo
La storia no (che storia unqua non ebbe)
Di sé parlando (che altro mai non fanno)
E fu il bel motto di colui, che disse
È Repubblica il suolo, onde divine
Da ch'io bevvi le prime aure di vita
Di libertà maestri i Galli? Insegni
Figli di vuoto erario i nuovi Galli
Ferro, torchj, destrieri, inchiostro, e tede
Qual'emblema è codesto? Una Donnaccia
D'immensa piazza in mezzo (oimè!) torreggia
Ventitre milioni di pidocchi
Orrido carcer fetido, che stanza
Anco l'Asia tremar già fean gli schiavi
La militar tirannide Romana
Là dove Italia boréal diventa
Del Popol piaga, e non del popol parte
Pregio mi fo, di quattro cose, e grado
Tra i Galli schaivi, e in schiavitù gaudenti
Mono-aspri-vili-sillabi nasali
Gracchiare il dolce usignoletto apprenda
L'Attica, il Lazio, indi l'Etruria diero
Finchè turbo di guerra orrido stride
D'ispido turpe verro aspro grugnito
L'uomo, che minor d'altr'uom s'estima, è spesso
Molta è la gallia, e popolosa, ed una
L'Assegnato è tra' Galli un fogliolino
Giunte sporge le mani, e genuflesso
Là dove il Mincio impaludato aggira
Tronche due Regie teste rotolanti
Laudato alfin sia il Diavolo, una pace
Dei rifondati Cibeleschi Galli

Conclusione: *Giorno verrà, tornerà il giorno in cui*

EPIGRAMMI

Avviso al lettore: *In mille guise, due Sentenze sole*
Nobili senza onore
Falso orecchio hanno i Galli, e semi-naso
Galli miei, ben sì può fiacchi, e modesti
Ogni gente in tre specie si divide
S'era detto finor, che tutto cresta
Pari all'imprese i premj ognor vorrei
Dan battaglia i Francesci giornalmente
Tutto fanno, e nulla sanno
Schiavi spregiare, ed abborrir tiranni
Fra i dentro stanti, e fuor usciti Galli
Gli Angli dichiaran Payn sedizioso
Luigi il sesto decimo fu buono
Galli, o calzoni, o non calzoni abbiate
Fra Re signori, e Re villani, corre
Ch'eran pria schiavi i Galli il dicon essi
Maschie a vicenda, e femmine lor rime
Fantoccini son sempre i Galli stati
Imberettando le fittizie teste
Monarcheschi i Franceschi in cor ben tutti
Molto oprar, poco dir, nulla vantarsi
Farsi liberi i Galli, ell'è un'impresa
Poiché ben bene consigliate s'ebbero
Si sta, si sta pensando
La testa e il capo, o sien due cose od una
Maravigliose veramente e nuove
Di contraria cagion l'effetto istesso
Nasce talvolta il fulmin della terra
Con quattr'anni di guerra, i Galli han vinto
Portavano i Francesci
Udite, udite, l'Anno Gallinér
Ben adoprando il tempo, ogni Uom sa dirlo
Ogni par d'anni, una Costituzione
Per riscattar Repubblicani sei
La Repubblica Galla or l'un per cento
Si dice, che dicea non so qual
La Convenzion Gallesca or si baratta
S'io di Greco sapessi, or ne trarrei

Sublime marchio contrassegna i pretti
Dai buoni i tristi divisar tu dei
Semi-Ateniesi i Galli son: chi'l niega
Quando degnansi i Francesi
O i Pentarchi farannosi Pantarchi
Per decreto trombale
Uno sforzato imprestito in bei dindi
La Francia sola contro Europa tutta
Il Mandato è fratel dell'Assegnato
Di tutti quasi i Re d'Europa un fascio
Chi 'l crederia pur mai, che filarmonica
Coalizzati contro ai Galli, e indarno
L'Aristo- e il Mono- e il Demo- craticismo
Non è dai Galli, oibò, l'Italia invasa
Non vorrian esser Vandali, i Francesi
La vile Europa, dalla Gallia vile
Scrive amichevolmente
Contro pochi, ed inermi, armati molti
Rubano i Galli tutto agl'Italiani
Rosi i Galli dal baco
Due morbi, a un punto mai non raccozzati
Certi nomi si accoppiano, altri no
Che giova nelle fate dar di cozzo?
"Guerreggio in Asia, e non vi cambio, o merco"
Licenza: *Bench'io n'abbia non poche, a me pur meno*

ODE
Diva feroce, e torbida

Uccider me, tu il puoi, schiava Genìa;
Non puoi tu uccider, no,
Questa, in cui pur vivrò,
Nell'adamante scelta Opra ben mia.

APPENDICI

L'ODE "A PARIGI SBASTIGLIATO"
(1789)

Intromessa qui par quest'Oda forse ,
A chi il loco e la data non raffronta ,
Onde all'autor la occasione occorse .

INTRODUZIONE.

Alti-sonante» imperiosa tromba
Posta s'è a bocca una feroce Diva;
Necessità, che a render prode arriva
La stessa pavidissima colomba:

Ecco, al forte squillar, da un'ampia tomba
Repente uscir la turba rediviva,
Che ben trenta e più lustri ivi dormiva;
E il suo libero dir già al ciel rimbomba.

Deh ! se intera la Gallia, onde voi sete
Il nobil fior, pietade in sen vi desta,
Sommerse ormai sian le discordie in Lete!

Popol, Patrizj, Sacerdoti, è questa
La via, per cui quel sacro allor si miete,
Che il ben d'ogni uom nel ben di tutti innesta.

I.

All'armi, all'armi, un generoso grido
Fa rintronar di Senna ambe le rive:
All'armi, all'armi echeggia
Francia intera dall'uno all' altro lido.
Forse fia che dell'Ànglo ampia oste arrive?
No: dalla infame reggia,
Di tradimenti e di viltade nido,
Sotto ammanto di pace esce l'atroce
Seme di guerra. Ecco, al macello il segno
Dal capitano indegno
Aspettar la masnada empia feroce,
Che alla immensa cittade intorno accampa.
Svizzera compra carne al regio sdegno
Tacita serve; e, qual ferale vampa,
Pregna di stragi stassi.
Ahi nube orrenda d'esecrati sgherri !
Fia che il popol ti lassi
Ber del suo sangue, e al tuo ferir si atterri?

II.

Ma, da ben altra immortai reggia scende
Sovra l'ali dei Fati, in atto altera,
(Bella e terribil Dea)
Libertà, che da Palla ottien le orrende
Gorgonee serpi, onde la turba fera,
Cui già il terror vincea,
Freddo immobile sasso inutil rende.
Sacra Diva, che il vile empio di corte
D'un guardo annulli, e il cittadino allumi
Di fiamma tal, che ai Numi
Si estima ei pari; ad affrontar la morte
Per la patria verace, o Dea, tu traggi,
Tu sola, a sparger di lor sangue fiumi,
Le magnanime Guardie, in cui tuoi raggi
Tanto penétri addentro,

Che non più Guardie del comun nemico,
Ma di Parigi al centro
Franche Guardie si fanno al Franco amico.

III.
Invisibil così pendea sospeso
E su le umili e su le eccelse teste,
Con la rovente spada,
L'Angel di morte, anch'ei d'orror compreso.
Dato è il segnal : la cortigiana peste,
Fa sì che in bando vada
L'uom, che sol regge or dello stato al peso;
L'uom che, libero nato in strania terra,
Servo in Gallia ed in corte a far si venne,
Sol per tor la bipenne
Di man de' rei, che a scellerata guerra,
Vilmente arditi contra il volgo inerme,
L'adopran sì, che n'è il servir perenne. —
Ahi stolte al par che inique menti inferme!
Perchè i raggiri impuri
Vostri abbian dato ad un tant' uomo il bando,
Sperate voi securi
Starvi ornai dietro al mercenario brando?

IV.
Quali urla sento? infra l'orror di negra
Notte feral, quai torbe incese tede
Correr ricorrer veggio?
In men ch'io il dico, ampia cittade intégra
Sossopra è volta; ogni uom vendetta chiede;
E il differirla è il peggio.
Spade, aste, ogni arme, impugnan tutti; ed egra
Alma non v'ha, ch'elmo rimembri o scudo:
Andar, venire, interrogar; giurarsi

Scambievol fè ; mostrarsi
A gara ognun d'ogni temenza ignudo;
Rintracciar l'orme del tedesco gregge,
Sovr'esso a furia indomiti scagliarsi,
Altri svenarne, altri fugarne, e legge
A tutti imporre, è un punto.
Pria che in ciel la seconda Alba sia sorta,
E che al confin sia giunto
L'esul Ministro, è tirannia già morta.

V.

Oltre l'usato il Sol sereno sorge
A rischiarar queste beate spiagge;
E spettacol sublime,
Agli occhi miei sì desiato, porge.
Con bella antiqua mescolanza, in sagge
Torme, uno stuolo imprime
Rispetto, in cui la securtà risorge.
Rimiro io fatti i cittadin soldati;
E più strano miracolo ai dì nostri
Fia che in un mi si mostri,
Nei regj sgherri a cittadin tornati.
Già insieme tutti, a calda prova ognuno,
Gl' impotenti sfidaro aulici mostri. —
Ma, se matrona non si veste a bruno,
Dei satelliti soli
Non basta il sangue a rammollir lo scettro ;
Nè fia che in corte voli
Terror, se non vi appar nobile spettro.

VI.

Loco è in Parigi, che in inferno avrìa
Pregio più assai: detto è BASTIGLIA; e dirsi
Me' dovrìa Malebolge.

Ampia profonda fossa, ond'è ogni via
Intercetta all'entrar come al fuggirsi,
Per ciascun lato il volge.
Quadro-turrita in mezzo erge la ria
Fronte una rocca di squallor dipinta;
Atro-bigio è il gran masso. Alta corona
D'empio bronzo che tuona,
Infra gli orridi merli al capo ha cinta:
Del piè sotterra s'incaverna il fondo
Più giù che il fosso, in parte ove non suona
Raggio più ornai dell'abitato mondo:
Dalle esterne sue parti,
Fenestre no, ma taciti forami
Radi nel sasso ed arti,
Barlume danno a quelle stanze infami.

VII.
Gemma è primiera del regal diadema
Questo albergo di pianto. A guardia un truce
Crociato carceriero
Stavvi, ripien di crudeltade e tema,
Che, di monchi sicarj inutil duce,
Dirsi ardisce guerriero. —
Nunzj a costui di volontà suprema
Dei vincitori cittadini, in lieto
E pacifico aspetto, ecco son giunti.
Che indarno ei non impunti
Nel negar l'arme, il prega un sermon queto.
Altro da lui non vuolsi. All'aure il bianco
Segnal di pace, e i caldi pregi aggiunti,
Il rancor di costui dovrian far manco.
Blando e mite ei risponde:
Che a ciò s'inoltrin quetamente i pochi.
Giunti appena alle sponde,
Sovr'essi avventa il traditor suoi fuochi.

VIII.
Donde han mai l'ali? qual non visto Nume
Dei respinti al furore ali ministra,
Ad inaudito volo?
Ecco sgorgare, impetuoso fiume,
Il gran popol da destra e da sinistra,
Irresistibil stuolo.
Leggieri più che ventilate piume,
Oltre al ponte primier varcati in frotta
Già stanno: ivi urti, e palle, ed urla, e morti,
E morenti, e risorti;
Null'uom sa il come: ecco allentata, e rotta
La catena che in alto ratteneva
L'ultimo ponte. — Oh generosi, oh forti,
Voi che sovr'esso, che a stento cadeva,
D'audace slancio ascesi,
Primi sboccar nell' empia rocca ardiste ! —
Lor nomi indarno io chiesi,
Perchè il debito onore a lor si acquiste.

IX.
Ve' scorrer già la vincitrice piena
Entro alle più riposte erme latébre
Del trìonfato ostello;
Già il ferro ogni empio difensor vi svena;
Già dalle eterne orribili tenébre
Del lor carcere fello
Tratti sono alla pura aura serena
I prigionieri miseri innocenti.
Già già afferrato il castellano iniquo,
Che dell'oprar suo obbliquo
Pagherà tosto il fio tra rei tormenti.
Preso esce già fra i cittadini, agli occhi
Del popol tutto, il condottiero antiquo;
Né dardo avvien che incontro a lui si scocchi;
„ Alle Gemonie „ grida

Sola una voce della plebe immensa,
Che con feroci strida
Vieppiù sempre dintorno a lui si addensa.

X.

Cruda, ahi! ma forse necessaria insegna,
Vedeva io poi con gli occhi miei sua testa
Sovra lunga asta infissa
Ir per le vie: nè sola ell'è; chè degna
Compagna un'altra, a quella orribil festa,
Le viene a paro : è scissa
Questa dal corpo d'uom, che invan s'ingegna,
Urban pretore, di far ire a vuoto
Dei cittadini la guerriera impresa:
E vilmente distesa
Sua tronca salma io ne vedea nel loto.
E i cittadin feri vedea, ma giusti,
L'alta vendetta lungamente attesa
Sperar compiuta in que'scemati busti: —
Ahi memorabil giorno!
Atroce, è ver; ma fin di tutte ambasce :
Di libertade adorno,
Fia questo il dì che vera Francia nasce.

XI.

Deh! con qual gioja alla sconfitta rocca
Io volgo il piè! Senza tremare, io passo
Dentro all'orrida soglia.
Già di pietade il core mi trabocca,
Solo in mirarmi attorno il negro sasso....
Or, quai voci alla doglia
Pari saran, se a me descriver tocca
I funesti pensieri, onde la vista
Dell'atre interne carceri mi aggrava?

Qui (dich'io) lagrimava,
D'arbitrario insanir vittima trista,
La intatta sempre-timida Innocenza,
Cui di sua man Calunnia conficcava.
Qui non si udìa di giudice sentenza:
Qui due miseri carmi,
Veri, o supposti, e qui un sorriso, un guardo,
Un pensier, potean trarmi....
Oh di qual giusto alto furor tutt'ardo!

XIII.
Fra il nobil grido, il Re procede intanto,
Da Franche armi non compre attorniato,
Ver la magione urbana.
Di duolo e gioja vario-misto un pianto,
Cui da pria 'l pentimento ha in lui destato,
D'ogni uom lo sdegno appiana.
Ma d'ora in poi quello ingigliato ammanto,
E a chi'l porta, e a chi'l dona, assai men greve
(Spero) sarà.- Giunto è già il Prence: ei giura,
Che la orribil congiura,
Ignota a lui, tutta imputar si deve
Ai traditor, che in duro error lo han tratto.
Pago è già il cittadin; già già secura
Torna del Re la maestade, a patto
Meglio adequato omai:
Già espulsi ha gli empj, e richiamato ha il giusto;
Nè a Re lo errar più mai
Concede il Razionai Consenso augusto.

LE MOSCHE, E L'API
FAVOLETTA.

E pia intrusa che l'Ode anco dirassi
La favoletta, che a Trajan si accoda;
Pur non fia che tre carte in bianco io lassi.

D'Api un libero sciame
Industrioso e lieto,
Se ne vivea felice:
Stuol di Mosche inquìeto,
A cui la fame — anco l'invidia accrebbe,
Un suo Moscon per capo eletto s'ebbe;
E l'una sì gli dice:

Noi siam pur tante,
L'Api pochissime;
Ciò non ostante,
Son potentissime.
Esca abbondante,
Securo tetto,
Pace e diletto;
E che non hanno
Quelle iniquissime?

E il tutto fanno,
Rette a Repubblica.
E noi chi siamo ?
Noi pur vogliamo
Libertà pubblica.

Era il Moscone
Un vero omone,
Saggio, prudente,
E dell' Api sapiente.
Onde a quel dire oppone

Il ragionar seguente.

Care mie figlie, è facile
Il chiacchierar; ma il fare
Dà un po' più da studiare.
L'Api sono insettoni,
Aspre di pungiglioni,
Che le fan rispettare.
Ma noi, di tempra gracile,
Che faremmo in battaglia,
Se un soffio ci sparpaglia?

Le pure Api si pascono
Dittamo, erbette, e rose;
E in noi sempre rinascono
Mille voglie golose.

La libertà di svolazzar qua e là,
Col periglio temprata
Di una qualche ceffata,
Sia dunque ognor la nostra;
Nè questa a noi giammai tolta verrà,
Se il senno il ver dimostra.

Così il dotto Moscon, lor viste fosche
Ralluminando, aprìa
Che non potrìa — mai farsi un POPOL MOSCHE .

«SE IL CIELO GLI DÀ TORTO, LUI DÀ TORTO AL CIELO»

di Francesco De Sanctis

Togliete ora l'ironia, fate salire sulla superficie in modo scoperto e provocante l'ira, il disgusto, il disprezzo, tutti quei sentimenti che Parini con tanto sforzo dissimula sotto il suo riso; e avete Vittorio Alfieri. È l'uomo nuovo che si pone in atto di sfida in mezzo a' contemporanei: statua gigantesca e solitaria, col dito minaccioso.

Alfieri si rivelò tardi a sé stesso, e per proprio impulso, e in opposizione alla società. Fino a ventisei anni avea menata la vita solita di un signorotto italiano, tra dissipazioni, viaggi, amori, cavalli, che non gli empivano però la vita. De' primi studi non gli era rimasto che l'odio allo studio. Ricco, nobile, non ambiva né onori né ricchezze né uffici: viveva senz'altro scopo che di vivere. Vita vuota de' ricchi signori, che se ne contentano, e a cui guardano con invidia i men favoriti dalla fortuna. Ma non se ne contentava Alfieri, e spesso era tristo, e, fra tanto inutile affaccendarsi, sentiva la noia. Era malattia italiana, propria di tutt'i popoli in decadenza: l'ozio interno, la vacuità di ogni mondo interiore. Alfieri aveva il sentimento di quel vuoto, e quella sua vita puramente esteriore era per lui noia, mal dissimulata sotto il mondano rumore. Coloro, che questa vita esteriore debbono conquistarsela col sudore della fronte, possono nel loro travaglio trovare un certo lenitivo di quella noia. Ma natura e fortuna avevano dato ad Alfieri tutta fatta quella vita: i suoi padri avcano lavorato per lui. Nato non a lavorare, ma a godere, le sue forze interne poderosissime, soprattutto quella tenace energia di carattere, atta a vincere ogni resistenza, rimanevano inoperose, perché tutto piegava innanzi a lui, tutto gli era facile. Corse parecchie volte tutta Europa, e non vi trovò altro piacere che il correre, simulacro dell'interna irrequietezza non soddisfatta. Questo è ciò che dicesi «dissipazione»: una vita senza scopo e a caso, dove fra tanto moto rimangono immobili le due forze proprie dell'uomo, il pensiero e l'affetto. Se Alfieri fosse stato un cavallo, quel suo correre l'avrebbe contentato, come contenta moltissimi, che pur si chiamano «uomini». Ma si sentiva uomo, e stava tristo e annoiato, e non sapeva perché. Il perché era questo: che, nato gagliardissimo di pensiero e di affetto, non aveva trovato ancora un centro intorno a cui raccogliere ed esercitare quelle sue facoltà. Una passione si piglia facilmente in quell'ozio, e Alfieri ebbe i suoi amori e i suoi disinganni, e gli parve allora di vivere. Ne' momenti più feroci della noia si gettò a' libri. Di latino non intendeva più nulla, e pochissimo d'italiano: parlava francese da dieci anni. Leggendo per passatempo, tutto natura e niente educazione, lo stile classico lo annoiava: Racine lo faceva dormire, e gittò per la finestra un *Galateo* del Casa, intoppato in quel primo «conciossiacosacché». Si die' a' romanzi, come i giovanetti alle *Mille e una notte*. Tutto il suo piacere era di seguire il racconto e vederne la fine, e gli dispiacque l'Ariosto per le sue interruzioni, e lesse Metastasio saltando le ariette, e non potè leggere l'*Henriade* e l'*Emilio* per quel rettoricume che gli toglieva la vista del racconto. Aspettando i cavalli in Savona, gli capitò un Plutarco. Qui sentì qualche cosa di più che il racconto, gli batté il cuore: quelle immagini colossali non lo sbigottivano, anzi suscitarono la sua emulazione: — Non potrei essere anch'io come loro? —. E il potere c'era, perché le sue forze non erano da meno. Una notte, assistendo l'amata nella sua infermità, sceneggiò una tragedia, la quale, rappresentata poi a Torino, ebbe grandi applausi. — Perché non potrei io essere scrittore tragico? — Venutogli questo pensiero, ci si fermò. Secondo le opinioni di quel tempo, l'Italia era innanzi a tutte le nazioni in ogni genere di scrivere, ma le mancava la tragedia. Quest'era l'idea fissa di Gravina e l'ambizione di Metastasio; a questo lavorarono il Trissino, il Tasso, il Maffei. Ma la tragedia non c'era ancora, per sentenza di tutti. E dare all'Italia la tragedia gli pareva il più alto scopo a cui un italiano potesse tendere. Da' suoi viaggi avea portata ingrandita l'immagine dell'Italia, non trovato nulla comparabile a Roma, a Firenze, a Venezia, a Genova. Aggiungi la maestà dell'antica Roma, le memorie di una grandezza non superata mai. E, quantunque l'Italia a quei dí fosse tanto degenere, avea fermissima fede in una Italia futura, che vagheggiava nel pensiero simile all'antica. Di questa nuova Italia fondamento era il rifarvi la pianta «uomo»; e gli parea che la tragedia, rappresentazione dell'eroico, fosse acconcia a ritrarvi questo nuovo uomo, che gli ferveva nella mente, ed era lui stesso. Questi concetti erano del secolo, penetrati qua e là nelle menti e da lui bevuti insieme con gli altri. Ma divennero in lui passione, scopo unico e ultimo della vita, e vi pose tutte le sue forze. Volle essere redentore d'Italia, il grande precursore di una nuova èra, e, non potendo con l'opera, co' versi. Cosi trovò alla vita un degno scopo, che gli prometteva gloria, lo ingrandiva nella stima degli uomini e di sé stesso. Lo scopo era difficilissimo, perché tutto gli mancava ad ottenerlo. E la difficoltà gli fu sprone e glielo rese più caro. Vi spiegò quella sua energia indomabile, esercitata fino allora ne' cavalli e ne' viaggi. Per «disfrancesizzarsi» e «intoscanirsi» visse il più in Toscana, ristudiò il latino, si pose in capo i trecentisti, contento di «spensare per pensare», fece suoi compagni indivisibili Dante, Petrarca, Ariosto e Tasso. Copiò, postillò, tradusse, «s'inabissò nel vortice grammaticale», e, non guasto dalla scuola e tutto lui, si fece uno stile suo. Scrisse come viaggiava, correndo e in linea retta: stava al principio, e l'anima era già alla fine, divorando tutto lo spazio di mezzo.

(…)

Era la negazione dell'Arcadia, anzi la sua aperta ed esagerata contraddizione. Al mondo di Tasso, di Guarini, di Marino e di Metastasio succedeva la tragedia, non accademica e letteraria, com'erano le tragedie francesi e italiane, ma politica e sociale, fondata su di una idea maneggiata allora in tutti gli aspetti dagli scrittori; ed era questa: che la società apparteneva al più forte, e che giustizia, virtù, verità, libertà giacevano sotto l'oppressione di un doppio potere assoluto e irresponsabile, la tirannide regia e la tirannide papale, il trono e l'altare. Più tardi Alfieri vi aggiunse la tirannide popolare. Or questa era la tragedia viva, la tragedia del secolo sotto nomi antichi, la lotta di un pensiero adulto e civile contro un assetto sociale ancor barbaro, fondato sulla forza. Ma è tragedia di puro pensiero, rimasta in regioni meramente speculative, non divenuta storia. Anzi, la società tra quelle agitazioni speculative era ancora idillica e rettorica, confidente in un progresso pacifico, concordi principi e popoli. A quello stato sociale corrispondea la tragedia filosofica e accademica, com'era quella di Voltaire. Alfieri vi aggiunse di suo sé stesso. La tragedia è lo sfogo lirico de' suoi furori, de' suoi odii, della tempesta che gli ruggia dentro. In mezzo alla società imparruccata e incipriata, che gioiosamente declamava tirannide e libertà, egli prende sul serio la vita e non si rassegna a vivere senza scopo, prende sul serio la morale e vi conforma rigidamente i suoi atti, prende sul serio la tirannide e freme e si dibatte sotto alle sue strette imprecando e minacciando, prende sul serio l'arte e vagheggia la perfezione. Le sue idee sono i suoi sentimenti, i suoi principi sono le sue azioni. L'uomo nuovo, che sente in sé, ha la coscienza orgogliosa della sua solitaria grandezza, e della solitudine si fa piedistallo, e vi si drizza sopra col petto e colla fronte come statua ideale del futuro italiano, come di « liber uomo esempio »:

> Giorno verrà, tornerà il giorno, in cui
> Redivivi ormai gl' Itali staranno
> In campo audaci….

> Al forte fianco sproni ardenti dui,
> Lor virtù prisca ed i miei carmi, avranno:
> Onde in memorar ch' essi già fûr, ch' io fui,
> D' irresistibil fiamma avvamperanno...
> Gli odo già dirmi : — O vate nostro, in pravi
> Secoli nato, e pur create hai queste
> Sublimi età, che profetando andavi.

Ci è dunque nella tragedia alfieriana uno spirito di vita, che colpisce le situazioni, infoca i sentimenti, fonde le idee, empie del suo calore tutto il mondo circostante. Ci è lì dentro l'uomo nuovo, solitario, sdegnoso verso i contemporanei, e che pure s'impone a' contemporanei, sveglia l'attenzione e la simpatia. Gli è che, se quest'uomo nuovo non era ancora entrato ne costumi e ne' caratteri, informava di sé tutta la coltura, era vivo negl'intelletti: una parentela c'era fra lo spirito di Alfieri e lo spirito del secolo. Perché dunque Alfieri si sente solo? perché guarda con occhio di nemico il suo secolo? Gli è per questo: che il nuovo uomo era in lui un modello puro, concretato nella sua potente individualità, divenuto non solo la sua idea, ma la sua anima, tutta la vita; e che lo vede nella pratica manomesso e contraddetto da quelli stessi che pur con le parole lo glorificavano. Perciò sente uno sdegno più vivo forse verso i democratici, « facitori di libertà », che verso re e papi e preti, e fugge la loro compagnia, « vergine di lingua, di orecchi e di occhi persino »:

> Non l'opra lor, ma il dir consuona al mio.

E muore tristo, maledicendo il secolo e confidando nella posterità:

> Ma non inulta l'ombra mia né muta
> Starassi, no: fia de' tiranni scempio
> La sempre viva mia voce temuta.
> Né lunge molto, al mio cessar, d' ogni empio
> Veggio la vil possanza al suol caduta,
> Me forse altrui di liber uomo esempio.

Tutta la sua compassione è per Luigi decimosesto, e tutta la sua indegnazione è per l'Assemblea nazionale, per quei «profumati barbari», balbettanti «una qualche non lor libera idea», per quei «ribaldi fortunati», contro i quali gitta l'ultimo strale nel *Misogallo*:

Tiene '1 Ciel dai ribaldi, Alfier dai buoni.

Eccolo dunque quest'Alfieri solitario, che serba in sé inviolato e indiviso il suo modello, e, se il cielo gli dà torto, lui dà torto al cielo. Taciturno e malinconico per natura, risospinto dalla società ancora più in sé stesso, solo col suo modello, rimane nel mondo vago e illimitato de' sentimenti e de' fantasmi, dove non ci è di concreto e di compiuto che il suo individuo. Perciò i suoi fantasmi sono più simili a concetti logici che a cose effettuali, più a generi e specie che ad individui. Non sono «astrazioni», come le chiamano. Potrebbero vuote astrazioni destare un interesse così vivo? Anzi sono fantasmi appassionati, ribollenti, sanguigni: non ci è vacuità, ci è congestione di un sangue non ingenito e proprio, ma trasfuso e comunicato. Senti nella tragedia la solitudine dell'uomo, che armeggia con sé stesso e produce la sua propria sostanza. Non ama ciò che gli è estrinseco, la natura, la località, e non l'intende e non la tollera, e la stupra, lasciandovi le sue orme impresse. Il calore di una potentissima individualità non gli basta a infonder la vita, e resta impotente alla generazione, perché gli manca l'amore, quel sentirsi due e cercar l'altro e obbliarsi in quello. Impotenza per soverchio di attività, che gli toglie la facoltà di ricevere le impressioni e riprodurle. L'occhio torbido della passione non guarda intorno, non si assimila gli oggetti esterni. Alfieri è tutto passione, diresti quasi che voglia con un solo impeto mandar fuori il vulcano che gli arde nel petto; non ha la pazienza e il riposo dell'artista, quel divino riso col quale segue in tutti i suoi movimenti la sua creatura. Quel suo furore, del quale si vanta, è il furore di Oreste, che gl'intorbida l'occhio, sì che, investendo il drudo, uccide la madre; e gli fa scambiare i colori, abbozzare le immagini, appuntare i sentimenti, dare al tutto un aspetto teso e nervoso.

(...)

Alfieri è l'uomo nuovo in veste classica. Il patriottismo, la libertà, la dignità, l'inflessibilità, la morale, la coscienza del dritto, il sentimento del dovere, tutto questo mondo interiore, oscurato nella vita e nell'arte italiana, gli viene non da una viva coscienza del mondo moderno, ma dallo studio dell'antico, congiunto col suo ferreo carattere personale. La sua Italia futura è l'antica Italia, nella sua potenza e nella sua gloria, o, com'egli dice, «il " sarà " è 1'" è stato "». Risvegliare negl'italiani la «virtù prisca», rendere i suoi carmi «sproni acuti» alle nuove generazioni, sì che ritornino degne di Roma, è il suo motivo lirico, che ha comune con Dante e col Petrarca. L'alto motivo che ispirò il patriottismo de' due antichi toscani, divenuto a poco a poco un vecchiume rettorico e messo in musica da Metastasio, ripiglia la sua serietà nell'uomo che si andava formando in Italia, e di cui Alfieri era l'espressione esagerata, a proporzioni epiche. Perché Alfieri, realizzando in sé il tipo di Machiavelli, si avea formata un'anima politica: la patria era la sua legge, la nazione il suo dio, la libertà la sua virtù; ed erano idee povere di contenuto, forme libere e illimitate, colossali come sono tutte le aspirazioni non ancora determinate e concretate nel loro urto con la vita pratica. Se avesse rappresentato il cozzo fatalmente tragico delle aspirazioni con la realtà, ne sarebbe uscito un alto *pathos,* il vero motivo della tragedia moderna. Ma un concetto cosi elevato del mondo era prematuro; e, d'accordo col suo secolo, Alfieri non vede di tutta quella realtà che il fenomeno più grossolano, la forza maggiore o il tiranno; e non lo studia e non lo comprende, ma l'odia, come la vittima il carnefice; l'odia di quell'odio feroce da giacobino, che non potendo spiegarsi e assimilarsi l'ostacolo, taglia il nodo con la spada. Alfieri odiava i giacobini; ma egli era un Robespierre poetico, e se i giacobini avessero lette le sue tragedie, potevano dirgli: — Maestro, da voi abbiamo imparato l'arte.

(da "Storia della Letteratura Italiana", cap. XX)

INDICE

APPENDICI